LE CANDIDAT

Paru au Livre de Poche :

BOUVARD ET PÉCUCHET
LE DICTIONNAIRE DES IDÉES REÇUES
L'ÉDUCATION SENTIMENTALE
MADAME BOVARY
NOUS ALLIONS À L'AVENTURE, PAR LES CHAMPS
ET PAR LES GRÈVES
NOVEMBRE
SALAMMBÔ
TROIS CONTES
UN CŒUR SIMPLE

GUSTAVE FLAUBERT

Le Candidat

Comédie en quatre actes

PRÉFACE, COMMENTAIRES ET NOTES D'YVAN LECLERC

LE LIVRE DE POCHE

Yvan Leclerc est professeur émérite à l'Université de Rouen. Il dirige le Centre Flaubert, composante du laboratoire CÉRÉdI (Centre d'études et de recherche Éditer-Interpréter). Responsable du site de référence sur Flaubert : http://flaubert.univ-rouen.fr, et directeur scientifique, en collaboration avec Danielle Girard, des éditions électroniques intégrales des manuscrits de *Madame Bovary* (2009), de *Bouvard et Pécuchet* (2013) et de la *Correspondance* (à paraître). Il a publié les correspondances croisées de Flaubert avec Maupassant, avec Alfred Le Poittevin et Maxime Du Camp (Flammarion, 1993 et 2000), et il a terminé l'édition de la correspondance générale pour la « Bibliothèque de la Pléiade », en prenant la suite de Jean Bruneau (t. V, 2007). Dans cette même collection, il a participé à la nouvelle édition des *Œuvres complètes*, sous la direction de Claudine Gothot-Mersch (t. II et III, 2013).

© Le Castor Astral, 2007.
© Librairie Générale Française, 2017 pour la mise à jour de l'édition critique.
ISBN : 978-2-253-18320-4 – 1ʳᵉ publication LGF

PRÉFACE

Flaubert sur les planches

« Je vais bientôt comparaître sur les planches, et me livrer, malgré mon grand âge, aux risées de la populace[1]. » L'auteur qui écrit ces lignes affiche avec humour sa résignation : « comparaître » sur les planches, c'est à la fois paraître sur scène et passer devant un tribunal. Des critiques de théâtre et du public auquel il se « livre » comme un martyr jeté dans la fosse aux lions, il n'attend pas d'applaudissements, mais des sifflets et des quolibets, dans la tradition de l'artiste victime des huées. Paradoxalement, le dramaturge se soumet volontairement à l'appréciation d'un jury dont il attend le pire et qu'il méprise : la « populace » du public, qui se verra représentée par la « populace » des personnages. Car la pièce s'appelle *Le Candidat* : ce titre général indique explicitement qu'il s'agit d'une pièce politique, et qu'elle concerne tous les spectateurs masculins, à la fois électeurs et éligibles, même les

---

[1]. Lettre à George Sand, 28 février 1874.

illettrés, en régime démocratique de suffrage universel. Circonstance aggravante : le « grand âge » de l'auteur. Cinquante-deux ans, c'est en effet tard pour débuter sur la scène, quand on porte un nom célèbre et qu'on a déjà publié trois romans remarqués : *Madame Bovary* en 1857, *Salammbô* en 1862 et *L'Éducation sentimentale* en 1869. Le romancier peut-il changer de genre et devenir dramaturge ? *Le Candidat* est la première pièce jouée dont il est l'auteur unique. L'attente est forte, avec un mélange de curiosité, de scepticisme et d'inquiétude. Le théâtre du Vaudeville met à l'affiche « *Le Candidat*, comédie en quatre actes de M. Gustave Flaubert », le 11 mars 1874. Les craintes de l'auteur étaient justifiées : le public a ri, mais à contretemps ; il a sifflé. Flaubert reconnaît un « four[1] », et il retire sa pièce après la quatrième représentation, le 14 mars[2]. Le texte paraîtra chez l'éditeur Charpentier deux semaines plus tard, le 28 mars, trois jours avant *La Tentation de saint Antoine* ; Flaubert se remet à *Bouvard et Pécuchet*, le roman encyclopédique qui l'occupera jusqu'à la fin de sa vie. La parenthèse théâtrale semble refermée, et il parle de son échec

---

1. Lettre à George Sand, 12 mars 1874.   2. La pièce ne fut pas un échec sur le plan financier : d'après les relevés de Jean-Claude Yon dans le registre du théâtre du Vaudeville, la recette des quatre représentations se monte à 7 372 francs, dont 844,59 pour l'auteur, chiffres comparables aux gains de Victorien Sardou pour *L'Oncle Sam*, joué le même mois. Voir le tableau des recettes sur le site flaubert.univ-rouen.fr / Ressources par œuvre / *Le Candidat*.

avec un apparent détachement. Pourtant, il a vécu comme un «écroulement[1]» cette désillusion : le théâtre a été sa grande passion, depuis l'enfance.

Son «amour effréné des planches[2]» l'a conduit à remplir toutes les fonctions : auteur de comédies et acteur dès sa neuvième année, sur le billard de l'appartement familial à l'Hôtel-Dieu de Rouen ; critique dramatique à treize ans dans le journal littéraire qu'il rédige au collège ; créateur et interprète à l'adolescence du «Garçon», cette figure grotesque qui singe le Bourgeois. Lecteur de Shakespeare, Hugo et Dumas, il compose un drame historique, *Loys XI*, à l'âge de seize ans et demi. Parmi toutes les formes littéraires qu'il expérimente dans ses années de formation, le théâtre a sa faveur. Jusqu'au milieu du XIXe siècle, le genre tient le sommet de l'Art poétique et les batailles de la littérature moderne se livrent sur scène : c'est donc naturellement dans le cadre d'«une salle pleine de lumière et d'or[3]» que le jeune Gustave rêve la «gloire» artistique. Le théâtre s'impose également à lui parce que le drame représente la vérité de la vie, par le mélange du tragique et du grotesque, «mélange des genres» au cœur de son esthétique. À cette fascination pour une forme littéraire s'ajoute une per-

---

1. Ce mot de Flaubert est rapporté par Edmond de Goncourt, *Journal*, éd. Robert Ricatte, Paris, Robert Laffont, coll. «Bouquins», 1989, 15 mars 1874, t. II, p. 574.   2. Lettre à Louise Colet, 6 ou 7 août 1846.   3. *Cahier intime de 1840-1841*, dans *Œuvres complètes*, t. I, *Œuvres de jeunesse*, édition de Guy Sagnes et Claudine Gothot-Mersch, Paris, Gallimard, «Bibliothèque de la Pléiade», 2001, p. 732.

sonnalité de «saltimbanque[1]»: Flaubert se projette dans la vie comme acteur et il se voit en représentation. Ses contemporains témoignent de la théâtralité de son rapport aux autres et au monde, par le don d'imitation, par l'emphase du geste et par la sonorité de la voix – celle du «gueuloir» solitaire qui soumet l'écriture à l'épreuve de la diction.

La rencontre avec son ancien condisciple de collège Louis Bouilhet, en 1846, ouvrit une nouvelle phase dans son rapport au théâtre. Car Bouilhet était dramaturge. Les deux amis commencèrent une longue collaboration en bâtissant des scénarios, dont huit nous sont parvenus, parmi lesquels une parodie de tragicomédie classique, *La Découverte de la vaccine*, et le canevas d'une pantomime, *Pierrot au sérail*[2]. Après la publication de *Salammbô*, ils composèrent en tiers avec Charles d'Osmoy une féerie moderne intitulée *Le Château des cœurs*. Alors même que Flaubert se consacrait à la prose narrative, il ne cessa de penser à des projets liés à la scène.

Quand Louis Bouilhet mourut en juillet 1869, c'est à Flaubert que revint la responsabilité de l'héritage littéraire. Il s'acquitta de ce devoir de mémoire avec détermination, aux dépens de son œuvre personnelle. Bouilhet laissait un drame historique en vers, *Mademoiselle Aïssé*, dont Flaubert assura seul la mise en scène, un exercice qu'il avait

---

1. Lettre à Louise Colet, 6 ou 7 août 1846. 2. *La Découverte de la vaccine* (vers 1846) et *Pierrot au sérail* (1847-1855), édition par Yvan Leclerc, dans Gustave Flaubert, *Œuvres complètes*, *op. cit.*, t. II, p. 1073-1100, et t. III, p. 1-17.

appris en fréquentant les coulisses et en assistant aux répétitions des pièces de son ami. La première représentation eut lieu en janvier 1872. Dans les papiers du défunt, se trouvait également une comédie, *Le Sexe faible*. Si elle eût été en vers, Flaubert n'y eût pas touché; mais elle était en prose: le romancier put donc prolonger la collaboration interrompue en reprenant l'œuvre à son compte. Il ne se limita pas à des retouches, mais il modifia le scénario et réécrivit plusieurs actes. La pièce de Bouilhet devenait ainsi la pièce de Flaubert, le survivant prenant seul la gouverne de l'œuvre posthume. La disparation de Bouilhet obligeait et autorisait le romancier à devenir dramaturge à part entière. Aucun directeur de théâtre n'accepta de monter la pièce, mais cet essai manqué fut à l'origine directe du *Candidat*. Car c'est en travaillant sur *Le Sexe faible* que le dramaturge de substitution eut l'envie d'écrire une autre comédie: «Comme j'avais pris l'habitude, pendant six semaines, de voir les choses théâtralement, de penser par le dialogue, ne voilà-t-il pas que je me suis mis à construire le plan d'une autre pièce! laquelle a pour titre *Le Candidat*. Mon plan écrit occupe 20 pages[1].» L'écriture pour le théâtre suppose une certaine disposition mentale liée à un espace et à une forme; elle impose aussi un rythme accéléré.

Encouragé par Carvalho, le directeur du Vaudeville, aiguillonné par la rage politique, Flaubert écrit vite, anormalement. Le premier acte est expé-

---

1. Lettre à George Sand, 20 juillet 1873.

dié en quinze jours, la pièce en deux mois et demi, entre septembre et novembre 1873. Une telle vitesse peut étonner de la part d'un auteur qui prend en moyenne cinq années pour composer un livre, d'autant plus qu'il poursuit en même temps ses lectures préparatoires pour *Bouvard et Pécuchet*. Ce «travail fiévreux et pressé[1]» correspond, d'après Flaubert, au style théâtral : par un effet de mimétisme propre au genre, le mouvement dramaturgique produit la rapidité de l'exécution. Dans sa première version, la pièce comptait cinq actes, comme les grandes comédies classiques, mais à la demande de Carvalho, elle se réduisit à quatre actes. Selon le règlement en vigueur pendant tout le XIXe siècle, le texte de la pièce fut soumis à la censure, qui exigea la suppression ou la modification d'une dizaine de mots ou expressions, pour des raisons politiques et religieuses[2]. Pour se venger de ce qu'il considérait comme la bêtise de «l'esthétique officielle», Flau-

---

1. Lettre à la princesse Mathilde, 12 novembre 1873.
2. Dans leur premier rapport, les inspecteurs des théâtres écrivent : «La comédie de M. Flaubert met en scène les questions de politique intérieure les plus actuelles. La représentation pourrait toucher trop vivement l'Assemblée nationale [...]. Nous croyons que la Chambre pourrait, à juste titre, se montrer blessée de cette peinture et trouver regrettable de voir sur le théâtre, non pas peut-être la satire des intrigues électorales, mais leur succès. En dehors même des légitimes susceptibilités des députés, il nous semble mauvais pour l'esprit public de laisser populariser par le théâtre des attaques de cette nature» (rapport du 26 décembre 1873, Archives nationales, F/21/4635 ; dossier signalé par Jean-Claude Yon, que nous remercions).

bert signala les interventions de la censure en note de l'édition originale de sa pièce.

Une comédie politique

Le remaniement de la comédie laissée par Bouilhet mit Flaubert en veine d'écriture théâtrale, mais il faut remonter plus haut dans le temps pour trouver la première idée d'une pièce politique. Le projet date de 1850, lors du voyage en Orient : « À mon retour j'ai envie de m'enfoncer dans les socialistes et de faire sous la forme théâtrale quelque chose de très brutal, de très farce et d'impartial bien entendu[1]. » La France vit alors en République, déchirée par les journées sanglantes de juin 1848. Flaubert définit d'emblée un ton (la violence, celle des conflits de classe et des barricades), un genre (le comique poussé à la farce) et une position de neutralité (l'impartialité dans le traitement des protagonistes).

Vingt ans plus tard, cette tentation d'une œuvre réapparaît au début de la Troisième République. L'époque se prête, comme en 1848, à une pièce politique : le désastre de 1870, la guerre civile de la Commune, les incertitudes de la République, Mac Mahon et la formation du parti de l'Ordre, la question de la fusion des branches légitimiste et orléaniste, qui ouvrirait la voie au rétablissement du régime monarchique. Dans une lettre du 21 août

---

1. Lettre à Louis Bouilhet, 14 novembre 1850.

1873, où il est question de cette fusion, Flaubert ajoute : « En de certains jours, il me prend des envies d'écrire de la Politique, pour exhaler là-dessus ce qui m'étouffe[1] ! » Il met une majuscule à « Politique », indiquant ainsi qu'il veut traiter un sujet et non défendre un parti. Dans cette même lettre, il mentionne *Le Candidat*, dont il a déjà fait le plan et qu'il a envie de développer. En ce sens, cette pièce politique est de circonstance, et George Sand sera fondée à dire, quand elle consolera son ami après l'échec : « Le sujet avait trop d'actualité pour plaire[2]. » Si le moment historique a été déterminant pour la mise en œuvre du projet, il ne s'ensuit pas que la pièce se passe à cette époque-là. Le critique du journal *Le Siècle* hésite sur le temps de l'action : « *Le Candidat* n'est pas précisément une pièce politique, du moins on ne voit pas que la pièce se rapporte exactement à la politique actuelle ; on ne sait si l'action se passe sous l'empire ou dans le moment présent. Il semble que c'est sous l'empire, parce qu'il s'agit d'une élection au scrutin individuel dans une circonscription ; d'un autre côté, ce ne peut pas être sous l'empire, parce qu'il n'est pas question de candidature officielle[3]. » En vérité, Flaubert n'a précisé ni le lieu ni le temps. « L'action se passe en province », lit-on en bas de la page liminaire sur laquelle figure la liste des personnages. Le lecteur informé recon-

---

1. Lettre à sa nièce Caroline, 21 août 1873. 2. Lettre de George Sand à Flaubert, 14 mars 1874. 3. Edmond-Desnoyers de Biéville, *Le Siècle*, 16 mars 1874.

naît au passage des toponymes normands, réels ou vraisemblables, et des détails socio-économiques spécifiques de la Seine-Inférieure d'alors. Nous sommes au pays de M. Homais, qui pourrait, après la « croix d'honneur », se porter candidat à la députation. Mais de cette circonscription, Flaubert pourrait dire comme de Mme Bovary qu'elle existe « dans vingt villages de France à la fois[1] ». Pourquoi avoir choisi le cadre de la province et non la ville ? Probablement parce que les mœurs provinciales se prêtaient mieux aux petites intrigues, à la caricature et aux clichés sur la vie parisienne. Le temps n'est pas plus précisé que l'espace : Flaubert se garde bien de faire des références trop explicites à des personnalités ou à des événements qui permettraient de dater sa pièce[2]. Il entend faire une comédie qui puisse se dérouler sous n'importe quel régime politique, à la condition que l'élection se fasse au suffrage universel. L'action ne peut donc se situer avant la Révolution de 1848, et l'on verra que de nombreuses questions posées dans la pièce prennent leur origine dans cette période de grande effervescence idéologique. Flaubert la connaît bien, pour l'avoir vécue, et pour l'avoir étudiée et exposée dans *L'Éducation sentimentale*, avant d'y revenir dans un chapitre de

---

1. Lettre à Louise Colet, 14 août 1853. 2. Sur l'un des manuscrits de l'ancienne collection Sickles (voir la bibliographie, p. 219), on lit : « en Province. Sous Louis-Philippe ». Mais le suffrage censitaire n'offrait pas les mêmes ressources critiques et comiques que le suffrage universel.

Bouvard et Pécuchet. Car le sujet de la pièce, c'est bien le suffrage universel, ce mode de désignation que Flaubert considère comme «la Honte de l'esprit humain», «aussi bête que le droit divin»[1]. Qu'en démocratie chaque homme soit électeur et éligible, au nom d'un principe d'égalité entre les hommes que la nature et la culture démentent, selon Flaubert, voilà qui lui paraît le pire des systèmes, favorisant les intérêts particuliers, les marchandages et le clientélisme. Dès lors, le titre s'est imposé tout de suite, dans sa plus grande généralité : «le candidat», c'est tout le monde et n'importe qui en régime démocratique, Rousselin ou un autre. La pièce met en scène, non pas des idées politiques, mais un type électoral, l'*homo democraticus* obsédé par l'idée fixe de l'élection. Frédéric Moreau avait éprouvé en 1848 cette «sorte de vertige», «ce prurit», «cette hallucination» de la députation[2]. On retrouvera au mot près ce «vertige de la députation» dans *Bouvard et Pécuchet*, après la Révolution de 1848, gagnant le capitaine

---

[1]. Lettres à George Sand, 31 décembre 1873 et 5 juillet 1869. Le procès du «mal démocratique» se retrouvera dans *Bouvard et Pécuchet* : «Appartenant à tout le monde, il ne peut avoir d'intelligence. Un ambitieux le mènera toujours, les autres obéiront comme un troupeau, les électeurs n'étant pas même contraints de savoir lire [...]. "Je crois plutôt à la sottise du peuple. [...] par le fait seul de la foule, les germes de bêtise qu'elle contient se développent et il en résulte des effets incalculables"» (*Bouvard et Pécuchet*, Le Livre de Poche, 1999, p. 235-236).   [2]. *L'Éducation sentimentale*, Le Livre de Poche, 2002, p. 444.

de police, l'instituteur et même le curé : nul n'est épargné par cette épidémie politique[1].

En s'en prenant à un principe et non à des idées, Flaubert se promet de déplaire à toute la classe politique, quel que soit le régime en place : « En admettant que *Le Candidat* soit réussi, jamais aucun gouvernement ne voudra le laisser jouer, parce que j'y roule dans la fange tous les partis. Cette considération *m'excite*[2]. » Comme il l'a pratiqué avec ses autres œuvres, il écrit *contre* le public, ou du moins contre la majorité du public, cultivant la joie sombre de déplaire, se délectant par anticipation d'une condamnation unanime : « Je me ferai déchirer par la populace, bannir par le Pouvoir, maudire par le clergé, etc.[3] » La pièce, cependant, passe la censure, qui l'autorise sous réserve de modifications – les mots « séminariste », « évêque », « ministre », « légitimiste » sont visés – au prix d'un déséquilibre qui compromet les intentions de l'auteur : « Une chose m'embête. *La Censure* a abîmé un rôle de petit gandin légitimiste, de sorte que la pièce, conçue dans un esprit d'impartialité stricte, doit maintenant flatter les Réactionnaires ? effet qui me désole ; car je ne veux complaire aux passions politiques de qui que ce soit, ayant, comme vous le savez, la haine essentielle de tout dogmatisme, de

---

1. *Bouvard et Pécuchet, op. cit.*, p. 224.   2. Lettre à Edma Roger des Genettes, 28 septembre 1873 [datée par erreur 7 septembre dans l'édition de la « Bibliothèque de la Pléiade »]. C'est Flaubert qui souligne, ici et dans toutes les autres citations.   3. Lettre à Edma Roger des Genettes, 4 août 1873.

tout parti[1]. » Le même souci d'impartialité politique animait déjà l'auteur de *L'Éducation sentimentale*, quand il distribuait à parts égales la bêtise et la cruauté entre les deux camps, s'attendant à un rejet symétrique de son roman par les républicains et par les conservateurs[2].

Une expérimentation dramaturgique

La forme théâtrale découlait logiquement de cette conception politique : ainsi la « grande comédie » voulue par Flaubert tourne-t-elle à la farce : moins par choix de genre que parce que le sujet l'impose. La démocratie, pour Flaubert, rabaisse le gouvernement des hommes à des manœuvres et à la cacophonie : d'où une pièce où le mouvement dramatique est remplacé par l'agitation et les renversements[3], où l'intrigue se dénoue en petites intrigues

---

1. Lettre à George Sand, 7 février 1874. Ce « petit gandin légitimiste » est Onésime de Bouvigny, le fils du comte rival de Rousselin à la candidature, prétendant de sa fille. Voir p. 194, les censures signalées par Flaubert en note de la scène VII, acte IV. Dans leur second rapport, les inspecteurs des théâtres avaient été explicites : « Le parti légitimiste est le plus directement attaqué. Quelques suppressions atténueraient en grande partie cet inconvénient » (document cité).   2. Voir la lettre à George Sand, 5 juillet 1868.   3. Ces retournements donnent son titre à un scénario écrit avec Bouilhet en 1847-1848 : *Le Pivot*, construit sur la permutation en chiasme des positions idéologiques (édition par Yvan Leclerc, dans Gustave Flaubert, *Œuvres*

qui se succèdent en se répétant sans progression, où les caractères des personnages se dissolvent en types réduits à des positions sur un échiquier, des porte-parole désincarnés de la bêtise démocratique.

Le candidat Rousselin oscille entre le légitimiste Bouvigny et le libéral Gruchet, poussé par Murel, directeur d'une fabrique et actionnaire d'un journal dans lequel Julien, un jeune poète romantique, vend sa plume. Ces personnages sont pris dans un réseau de fortes dépendances régies par les dettes et les désirs : Murel doit de l'argent à Gruchet qui doit de l'argent à Rousselin ; la fille de Rousselin est convoitée par le fils du comte de Bouvigny et par Murel, et sa femme par le poète-journaliste. Dans la tradition du théâtre classique, le père de famille sacrifie sa femme et sa fille à sa monomanie : c'est une pièce de Molière au siècle de la démocratie. Murel tire les ficelles de ce théâtre de marionnettes, puisqu'il cumule le contrôle des voix des ouvriers de sa fabrique et celui du corps électoral à travers son journal ironiquement nommé *L'Impartial* : la démocratie installe en effet le règne de l'opinion publique par la Presse, qu'on a pu qualifier de quatrième pouvoir. Définissant la démocratie, Tocqueville en

---

complètes, op. cit., t. II, p. 1122-1131, et notice, p. 1619). À propos de ce scénario, Marshall C. Olds note justement que « le thème de la relativité absolue des positions politiques [...] se retrouvera dans la deuxième *Éducation sentimentale*, *Le Candidat* et *Bouvard et Pécuchet* » (*Au pays des perroquets. Féerie théâtrale et narration chez Flaubert*, Amsterdam-Atlanta, Rodopi, 2001, p. 17-18).

avait bien vu le moteur: « C'est de plus en plus l'opinion qui mène le monde[1]. »

L'intrigue se réduit à une seule question: le candidat sera-t-il élu? Elle est subordonnée à deux intrigues secondaires: à qui le candidat donnera-t-il sa fille, et sera-t-il cocu? La fin, qui relève du vaudeville, était présente dans un scénario antérieur au *Candidat*, et portant un titre proche, *La Candidature*: pour assurer son élection à la mairie, Saint-Arnaud envoie sa femme chez le préfet, dont le fils devient son amant. Le dénouement faisait déjà coïncider élection et cocuage du candidat (« élu-foutu », note Flaubert en raccourci): « Chaque chose qui lui assure du succès augmente son cocuage. Aussi la chose se consomme pendant même qu'on le nomme[2]. » De *La Candidature* au *Candidat*,

---

1. *De la démocratie en Amérique* [1840], II, i, 2, dans *Œuvres,* Gallimard, « Bibliothèque de la Pléiade », t. II, 1992, p. 521. 2. Ce scénario présente deux états différents, conservés à la BNF (NAF 14156) et à la Bibliothèque municipale de Rouen dans les Dossiers de *Bouvard et Pécuchet* (Ms g 226-8, ff[bs] 196-197). L'action se situe avant 1848, et la graphie place leur composition dans les années 1860. Le manuscrit de la BNF a été publié par Alberto Cento, « Flaubert e il "Cocu triomphant" (uno scenario inedito del *Candidat*) », *Rivista di letterature moderne e comparate*, Giugno 1967, vol. 20, fascicolo 2, p. 118-122; et les deux manuscrits, par Yvan Leclerc, *Études normandes,* n° 3, 1988, p. 53-61. Dans les mêmes Dossiers de *Bouvard et Pécuchet*, est conservé un ensemble de pièces de théâtre non autographes, parmi lesquelles une comédie politique intitulée *Les Extrêmes*, dont l'action se situe en 1848. Elle est datée de 1849. Flaubert n'a donc pas pu prendre part à sa composition, puisqu'il voyageait en Orient à

le cynique Saint-Arnaud cède la place à un Rousselin plus bête, et le préfet qui fait et défait les élections à une opinion publique aussi bête que l'élu.

On comprend aisément que le public et les critiques de théâtre n'étaient pas disposés à recevoir une telle pièce. À l'exception du compte rendu positif de Villiers de l'Isle-Adam, tous les articles dénoncent, entre condescendance et sincère désolation envers le romancier égaré sur les planches, une pièce « mortellement ennuyeuse »; ne présentant « pas trace d'action, au sens théâtral du terme »; une intrigue à la fois trop simpliste et trop compliquée dans les revirements, l'absence d'un personnage sympathique qui pourrait susciter l'adhésion du spectateur, une pièce trop vraie et d'une vérité qui n'est pas celle de la scène; bref, une pièce « en dehors du répertoire dramatique ordinaire »[1].

---

cette époque, mais il a pu la lire ou relire quand il concevait *Le Candidat* : elle s'en rapproche par son orientation antidémocratique, sa dénonciation des clichés idéologiques et la critique croisée des positions conservatrices et révolutionnaires. Voir *Les Extrêmes*, édition par Yvan Leclerc, dans Gustave Flaubert, *Œuvres complètes*, *op. cit.*, t. II, p. 1195-1234, et notice, p. 1631-1634.

1. Respectivement Albert Wolff, *Le Gaulois*, 13 mars 1874 ; Clément Caraguel, *Le Journal des débats politiques et littéraires*, 16 mars 1874 ; Alphonse Daudet, *Journal officiel*, 15 mars 1874 ; Xavier Aubryet, *Paris-Journal*, 14 mars 1874. Ces articles et d'autres traitant du *Candidat* sont en ligne sur le site Flaubert, adresse citée, « Ressources par œuvre ». Un extrait du compte rendu de Villiers de l'Isle-Adam est reproduit ici même en annexe, voir p. 210-214.

Cet échec attendu et redouté par Flaubert le conforte dans ses opinions sur le théâtre. Il a toujours eu à son égard une attitude ambivalente, entre fascination et incompréhension. Ce genre a pour lui plaire l'impersonnalité, dont il est le théoricien pour le roman : « La forme dramatique a cela de bon, elle annule l'auteur[1]. » Mais il dit ne rien comprendre à ce genre : « Je n'entends goutte au théâtre, bien que j'y rêvasse de temps à autre. C'est une *méchanique* qui me fait grand-peur – et pourtant, c'est beau, nom d'un petit bonhomme, c'est beau ! quel maître art ![2] » Malgré cet aveu, il ironise sur le prétendu secret bien caché de cet art ou sur « l'arcane théâtral » révélé aux seuls initiés[3]. Genre majeur quand il est pratiqué par les plus grands, et mineur aux mains des faiseurs, le théâtre en son temps lui paraît un art bourgeois trop soumis aux caprices des directeurs de salle et au goût immédiat du public.

Le genre théâtral lui semble « trop faux » parce qu'« on n'y peut rien dire de complet[4] » : le dramaturge ne dispose que des paroles prononcées, alors que le romancier peut faire « des tableaux complets,

---

1. Lettre à Louise Colet, 9 décembre 1852.   2. Lettre à Charles d'Osmoy, 22 juillet 1857. Ou encore : « Je ne comprends pas un mot aux choses de théâtre » (lettre aux frères Goncourt, 16 août 1866). D'après le contexte de cette lettre, il s'agit des raisons du succès.   3. Voir Edmond et Jules de Goncourt, *Journal*, *op.cit.*, t. I, 12 janvier 1860, p. 516-517 ; et lettre à George Sand, 8 avril 1874.   4. Lettre à Edma Roger des Genettes, 28 septembre 1873 [datée par erreur 17 septembre dans l'édition de la « Bibliothèque de la Pléiade »].

peindre le dessous et le dessus[1] » : il dispose de nombreux procédés narratifs pour faire entendre un autre discours, par l'italique, le style indirect libre, les variations de focalisation, les gradations entre les plans du tableau. La multiplication des apartés dans *Le Candidat* tente de compenser ce caractère « monodique » de la parole théâtrale en dédoublant l'énonciation. Et puis, le style théâtral n'est pas « le style, en soi[2] » ; avec ses phrases hachées, ses innombrables répétitions et exclamations, il produit un effet physiquement désagréable : « Ces petites phrases courtes, ce pétillement continu m'irrite à la manière de l'eau de Seltz qui d'abord fait plaisir, et qui ne tarde pas à vous sembler de l'eau pourrie[3]. » Pétillante comme cet esprit français que Flaubert n'aime pas, l'eau de Seltz fabriquée est un artefact moderne, mariage de la nature et de la chimie : Homais en fait commerce dans sa pharmacie.

Si Flaubert se risque toutefois sur les planches, c'est qu'il a le projet d'inventer quelque chose de nouveau. Toute sa vie, il a expérimenté des formes neuves en transgressant les genres reçus[4]. Quand il compose *Le Château des cœurs*, il accorde moins d'importance à la pièce elle-même qu'à l'ancien genre de la féerie, dont il espère tirer des effets neufs. *La Tentation de saint Antoine* n'appartient

---

1. Lettre à Louise Colet, 6 avril 1853.   2. Lettre à sa nièce Caroline, 30 octobre 1873.   3. Lettre à George Sand, 4 novembre 1873.   4. Voir Claudine Gothot-Mersch, *Introduction* aux *Œuvres complètes, op. cit.*, t. I, p. XLVI-XLVII.

pas à un genre défini : sorte de poème dramatique, l'œuvre obéit à un dispositif scénique sans relever du théâtre. *Bouvard et Pécuchet* n'est pas un roman au sens traditionnel, pas plus que *L'Éducation sentimentale* ne répond aux critères du roman historique ou d'apprentissage. *L'Éducation sentimentale* n'a d'ailleurs pas été mieux compris que *Le Candidat* et s'est attiré des critiques similaires : pas d'intrigue, pas de personnage positif, un monde trop noir, et une absence de prise de position politique qui déplaît à tous les partis. Pièce ratée par rapport aux attentes du XIXe siècle, *Le Candidat* pourrait être considéré aujourd'hui comme une tentative pour s'affranchir des contraintes dramatiques, dans le même geste que Flaubert se libère des contraintes narratives : ses romans sont des romans sans romanesque comme *Le Candidat* est du théâtre sans théâtralité. Il s'y essaie également à un comique inédit, apparenté à celui de *Bouvard et Pécuchet* : le «comique d'idées», un «comique qui ne fait pas rire[1]» : «Ce n'est pas drôle», entendait-on dans les couloirs du Vaudeville; George Sand confirme à la lecture : «C'est si vrai que ça ne fait pas rire»[2]. Loin des ressorts traditionnels du comique de situation, de caractère ou de mots, Flaubert a cherché un *comique des idées politiques*.

Si *Le Candidat* reste aujourd'hui lisible, à défaut d'être souvent monté, c'est d'abord parce qu'il est

---

1. Lettre à Edma Roger des Genettes, 2 avril 1877; lettre à Louise Colet, 8 mai 1852.   2. Respectivement Henry Céard, *Le Grand Journal*, 18 mai 1880, et lettre de George Sand à Flaubert, 3 avril 1874.

signé Flaubert. On y retrouve le personnel flaubertien et jusqu'aux noms : Bouvigny entre Bovary et Bouvard, l'hôtel du Lion d'or, le mendiant aveugle, le personnel politique d'une petite ville de province, les études de mœurs. On y entend la voix tonnante de Flaubert lui-même, ses opinions sur la politique. On y retrouve les échos des autres œuvres dans lesquelles il est question de politique. À sa manière, *Le Candidat* est un «livre sur rien», comme le romancier en rêve quand il se met à *Madame Bovary,* une pièce sur rien, ou plutôt sur les riens du discours politique, une parole qui tourne à vide en consommant les clichés, ceux que le lecteur connaît déjà depuis le discours de Lieuvain aux Comices agricoles et la séance au Club de l'Intelligence où se rend Frédéric Moreau. *Le Candidat* est la mise en espace théâtral des idées reçues en politique, comme on le voit dans le monologue du début de l'acte III, sorte de discours sur la rhétorique du discours politique : «Si je comparais l'Anarchie à un serpent, pour ne pas dire hydre? [...] Il faudrait cependant intercaler quelque phrase à effet, de ces traits qui enlèvent... comme : "fermer l'ère des révolutions, camarilla, droits imprescriptibles, virtuellement"; et beaucoup de mots en *isme*: "parlementarisme, obscurantisme!..."» *Le Candidat* est bien le *Dictionnaire des idées reçues* en politique, une politique tirée du *Dictionnaire,* collection d'opinions et de répliques toutes faites, en attente de locuteurs, finalement interchangeables, qui montent en discours ce que nous appellerions aujourd'hui des «éléments de langage». Les critiques de l'époque reprochent aux personnages du *Candidat* leur manque d'épaisseur humaine : c'est qu'ils sont pour Flaubert des *figures* du discours politique, les porte-voix de la *vox populi*.

La pièce est ratée en 1874 parce qu'elle n'obéit pas aux normes théâtrales de l'époque. On se plaît à regretter qu'elle ne fût pas plus audacieuse : si Flaubert, cédant à sa pente vers l'outrance, eût rompu plus complètement avec les études de mœurs réalistes, il eût anticipé sur le théâtre de l'absurde. La juste formule de Villiers de l'Isle-Adam, défendant une pièce qui « ne finit pas, n'ayant jamais commencé[1] », appelle Samuel Beckett. Alfred Jarry n'est pas loin non plus, avec son Ubu cousin du « Garçon » dont le rire s'entend jusqu'au *Candidat,* et sa « pompe à phynance » dans la « charmante comparaison » électoraliste de Rousselin : « Les impôts, mon Dieu... certainement, sont pénibles... mais indispensables... C'est une pompe, – si je puis m'exprimer ainsi, – qui aspire [...]. » Et cette salle « remplie exclusivement par des files de chaises qui vont de la rampe à l'estrade » et que Rousselin, se mettant lui-même en scène pour jouer au candidat, déplace, dérange, ne dirait-on pas qu'elle attend l'orateur bafouillant et finalement muet de Ionesco ? Un critique du temps y fait penser immanquablement : ce n'est pas une pièce, dit-il, mais « une énorme conférence dialoguée où les chaises de paille jouent parfois le rôle d'interlocuteurs[2] ».

---

[1]. Voir p. 211.   [2]. Xavier Aubryet, *Paris-Journal*, 14 mars 1874.

Le jeune homme qui écrivait à vingt ans dans son carnet intime : « Je n'ambitionne point les succès politiques. J'aimerais mieux être applaudi sur un théâtre de vaudeville qu'à la tribune[1] », a pensé réaliser son rêve à cinquante ans passés : être applaudi au Vaudeville en blaguant la tribune. Mais il a éprouvé qu'il était aussi bête de briguer les suffrages des spectateurs et des lecteurs que ceux des électeurs, de vouloir plaire au plus grand nombre en déplaisant à l'*homo* (à l'Homais) *politicus*. De cet échec sur les planches, *Bouvard et Pécuchet* tirera la double leçon, théâtrale et politique, en forme de vengeance : « Le théâtre est un objet de consommation comme un autre. Cela rentre dans l'article-Paris. On va au spectacle pour se divertir. Ce qui est bien, c'est ce qui amuse » ; « Et la Politique, une belle saleté ! »[2].

À quoi Flaubert fait écho en son nom personnel, d'une sentence prophétique : « La politique est morte[3]. »

Yvan LECLERC.

---

1. *Cahier intime de 1840-1841, op. cit.*, p. 751.   **2.** *Bouvard et Pécuchet, op. cit.*, p. 205 et 257.   **3.** Lettre à George Sand, 24 juin 1869.

Note sur l'établissement du texte

Nous reproduisons le texte paru chez Charpentier en 1874, seule édition publiée du vivant de Flaubert. Flaubert a souhaité conservé les traces de la censure, en signalant par une note les passages concernés. Tantôt l'édition Charpentier reproduit le texte d'origine et la note enregistre alors la version imposée par la censure ; tantôt le texte modifié par les censeurs prend place en pleine page, et c'est l'état initial qui passe en note. Nous avons respecté ces choix peu homogènes, y compris les crochets droits qui encadrent les éléments visés par la censure, mais d'une manière non systématique tout au long de la pièce.

L'orthographe de certains mots a été corrigée (par exemple «bergamotte», «caloter» et «cantonnade»); les graphies ont été modernisées («contre-basse», «poëte», «bohêmes», «gardenias», «complétement»). Le trait d'union a été supprimé là où il a disparu aujourd'hui («non-seulement», «très-bien», «très-bon»). La majuscule et l'italique ont été restitués pour l'article du titre des journaux : *L'Impartial*, *L'Illustration*. Le texte original présentait des coquilles : «enfin du du conseil général» (acte I, scène 11), «chez monsieur Rousselin» (au lieu de «cher monsieur Rousselin», II, 4), «le comte me disait tout tout à l'heure» (II, 8), etc. La scène 7 de l'acte IV s'interrompt avant la fin : nous avons restitué en note la partie manquante en recourant au brouillon le plus abouti (voir p. 196, note 1).

Les notes appelées par un astérisque sont de Gustave Flaubert ; celles appelées par un chiffre sont de l'éditeur.

LE CANDIDAT

PERSONNAGES	ACTEURS
Rousselin, 56 ans	MM. Delannoy.
Murel, 34 ans	Goudry.
Gruchet, 60 ans	Saint-Germain.
Julien Duprat, 24 ans	Train.
Le comte de Bouvigny, 65 ans	Thomasse.
Onésime, son fils, 20 ans	Richard.
Dodart, notaire, 60 ans	Michel.
Pierre, domestique de M. Rousselin	Ch. Joliet.
Mme Rousselin, 38 ans	Mmes H. Neveux.
Louise, sa fille, 18 ans	J. Bernhardt.
Miss Arabelle, institutrice, 30 ans	Damain.
Félicité, bonne de Gruchet	Bouthié.
Marchais	MM. Royer.
Heurtelot	Lacroix.
Ledru	Cornagli.
Hombourg	Colson.
Voinchet	Moisson.
Beaumesnil	Fauvre.
Un garde champêtre	Bource.
Le président de la réunion électorale	Jacquier.
Un garçon de café	Vaillant.
Un mendiant	Jourdan.
Paysans, ouvriers, etc.	

L'action se passe en province.

Les mots entre deux crochets ont été supprimés par la censure.

ACTE PREMIER

Chez M. Rousselin. – Un jardin. – Pavillon à droite. – Une grille occupant le côté gauche.

Scène première

MUREL, PIERRE, *domestique.*

Pierre est debout, en train de lire un journal. – Murel entre, tenant un gros bouquet qu'il donne à Pierre.

MUREL
Pierre, où est M. Rousselin?

PIERRE
Dans son cabinet, monsieur Murel; ces dames sont dans le parc avec leur Anglaise et M. Onésime... de Bouvigny[1]!

---

1. Le nom de Bouvigny prend place dans la série des «bovins» de l'onomastique flaubertienne: Bovary, Bouvignard (*Le Château des cœurs*) et Bouvard.

MUREL

Ah ! cette espèce de [séminariste] * à moitié gandin. J'attendrai qu'il soit parti, car sa vue seule me déplaît tellement !...

PIERRE

Et à moi donc !

MUREL

À toi aussi ! Pourquoi ?

PIERRE

Un gringalet ! fiérot ! pingre ! Et puis, j'ai idée qu'il vient chez nous... (*Mystérieusement.*) C'est pour Mademoiselle !

MUREL, *à demi-voix*

Louise ?

PIERRE

Parbleu ! sans cela les Bouvigny, qui sont des nobles, ne feraient pas tant de salamalecs à nos bourgeois !

MUREL, *à part*

Ah ! ah ! attention ! (*Haut.*) N'oublie pas de m'avertir lorsque des messieurs, tout à l'heure, viendront pour parler à ton maître.

PIERRE

Plusieurs ensemble ? Est-ce que ce serait... par rapport aux élections ?... On en cause...

---

* Pour la censure, il a fallu mettre *cagot*.

Murel
Assez! Écoute-moi! Tu vas me faire le plaisir d'aller chez Heurtelot le cordonnier, et prie-le de ma part...

Pierre
Vous, le prier, monsieur Murel!

Murel
N'importe! Dis-lui qu'il n'oublie rien!

Pierre
Entendu!

Murel
Et qu'il soit exact! qu'il amène tout son monde!

Pierre
Suffit, monsieur! j'y cours! (*Il sort.*)

Scène II

Murel, Gruchet.

Murel
Eh! c'est monsieur Gruchet, si je ne me trompe?

Gruchet
En personne! Pierre-Antoine pour vous servir.

Murel
Vous êtes devenu si rare dans la maison!

Gruchet
Que voulez-vous? avec le nouveau genre des Rous-

selin! Depuis qu'ils fréquentent Bouvigny, – un joli coco encore, celui-là, – ils font des embarras!...

MUREL

Comment?

GRUCHET

Vous n'avez donc pas remarqué que leur domestique maintenant porte des guêtres! Madame ne sort plus qu'avec deux chevaux, et dans les dîners qu'ils donnent, – du moins, c'est Félicité[1], ma servante qui me l'a dit, – on change de couvert à chaque assiette.

MUREL

Tout cela n'empêche pas Rousselin d'être généreux, serviable!

GRUCHET

Oh! d'accord! plus bête que méchant! Et pour surcroît de ridicule, le voilà qui ambitionne la députation! Il déclame tout seul devant son armoire à glace, et la nuit, il prononce en rêve des mots parlementaires.

MUREL, *riant*

En effet!

GRUCHET

Ah! c'est que ce titre-là sonne bien, député!!! Quand on vous annonce: «Monsieur un tel, député.» Alors, on s'incline! Sur une carte de visite, après le nom,

---

1. Prénom habituel des servantes dans les œuvres de Flaubert, sans doute par antiphrase, que ce soit pour la servante de Mme Bovary à Tostes, ou pour le personnage principal d'*Un cœur simple*.

«député», ça flatte l'œil! Et en voyage, dans un théâtre, n'importe où, si une contestation s'élève, qu'un individu soit insolent, ou même qu'un agent de police vous pose la main sur le collet: «Vous ne savez donc pas que je suis député, monsieur!»

MUREL, *à part*

Tu ne serais pas fâché de l'être, non plus, mon bonhomme!

GRUCHET

Avec ça, comme c'est malin! pourvu qu'on ait une maison bien montée, quelques amis, de l'entregent*!

MUREL

Eh! mon Dieu! quand Rousselin serait nommé!

GRUCHET

Un moment! S'il se porte, ce ne peut être que candidat juste-milieu[1]?

MUREL, *à part*

Qui sait?

GRUCHET

Et alors, mon cher, nous ne devons pas... Car enfin

---

* Il y avait dans le texte *de l'intrigue*. La censure a préféré *de l'entregent*.

---

1. Mode de gouvernement qui caractérise le règne de Louis-Philippe (1830-1848), le «roi-bourgeois». Parce qu'elle est éloignée des extrêmes, donc moyenne ou médiocre, cette position politique définit péjorativement la bourgeoisie, par exemple dans le poème de Verlaine «Monsieur Prudhomme»: «Il est juste-milieu, botaniste et pansu» (*Poèmes saturniens*, 1866).

nous sommes des libéraux ; votre position, naturellement, vous donne sur les ouvriers une influence !... Oh ! vous poussez même à leur égard les bons offices très loin ! Je suis pour le peuple, moi ! mais pas tant que vous ! Non... non !

MUREL
Bref, en admettant que Rousselin se présente ?...

GRUCHET
Je vote contre lui, c'est réglé !

MUREL, *à part*
Ah ! j'ai eu raison d'être discret ! (*Haut.*) Mais avec de pareils sentiments, que venez-vous faire chez lui ?

GRUCHET
C'est pour rendre service... à ce petit Julien.

MUREL
Le rédacteur de *L'Impartial* ?... Vous, l'ami d'un poète !

GRUCHET
Nous ne sommes pas amis ! Seulement, comme je le vois de temps à autre au cercle, il m'a prié de l'introduire chez Rousselin.

MUREL
Au lieu de s'adresser à moi, un des actionnaires du journal ! Pourquoi ?

GRUCHET
Je l'ignore !

MUREL, *à part*
Voilà qui est drôle! (*Haut.*) Eh bien, mon cher, vous êtes mal tombé!

GRUCHET
La raison?

MUREL, *à part*
Ce Pierre qui ne revient pas! J'ai toujours peur... (*Haut.*) La raison? c'est que Rousselin déteste les bohèmes!

GRUCHET
Celui-là, cependant...

MUREL
Celui-là surtout! et même depuis huit jours... (*Il tire sa montre.*)

GRUCHET
Ah çà! Qui vous démange? Vous paraissez tout inquiet.

MUREL
Certainement!

GRUCHET
Les affaires, hein?

MUREL
Oui! mes affaires!

GRUCHET
Ah! je vous l'avais bien dit! ça ne m'étonne pas!...

MUREL
De la morale, maintenant!

GRUCHET

Dame, écoutez donc, chevaux de selle et de cabriolet, chasses, pique-niques, est-ce que je sais, moi! Que diable! quand on est simplement le représentant d'une compagnie, on ne vit pas comme si on avait la caisse dans sa poche.

MUREL

Eh! mon Dieu, je payerai tout!

GRUCHET

En attendant, puisque vous êtes gêné, pourquoi n'empruntez-vous pas à Rousselin?

MUREL

Impossible!

GRUCHET

Vous m'avez bien emprunté à moi, et je suis moins riche.

MUREL

Oh lui! c'est autre chose!

GRUCHET

Comment, autre chose? un homme si généreux, serviable! Vous avez un intérêt, mon gaillard, à ne pas vous déprécier dans la maison.

MUREL

Pourquoi?

GRUCHET

Vous faites la cour à la jeune fille, espérant qu'un bon mariage...

MUREL
Diable d'homme, va!... Oui, je l'adore. Mme Rousselin! Au nom du ciel, pas d'allusion!

GRUCHET, *à part*
Oh! oh! tu l'adores. Je crois que tu adores surtout sa dot!

Scène III

MUREL, GRUCHET, MADAME ROUSSELIN, ONÉSIME, LOUISE, MISS ARABELLE, *un livre à la main.*

MUREL, *présentant son bouquet à madame Rousselin*
Permettez-moi, madame, de vous offrir...

MADAME ROUSSELIN, *jetant le bouquet sur le guéridon, à gauche*
Merci, monsieur!

MISS ARABELLE
Oh! les splendides gardénias!... et où peut-on trouver des fleurs aussi rares?

MUREL
Chez moi, miss Arabelle, dans ma serre!

ONÉSIME, *avec impertinence*
Monsieur possède une serre?

MUREL
Chaude! oui, monsieur!

LOUISE
Et rien ne lui coûte pour être agréable à ses amis !

MADAME ROUSSELIN
Si ce n'est, peut-être, d'oublier ses préférences politiques.

MUREL, *à Louise, à demi-voix*
Votre mère aujourd'hui est d'une froideur !...

LOUISE, *de même, comme pour l'apaiser*
Oh !

MADAME ROUSSELIN, *à droite, assise devant une petite table*
Ici, près de moi, cher vicomte ! Approchez, monsieur Gruchet ! Eh bien, a-t-on fini par découvrir un candidat ? Que dit-on ?

GRUCHET
Une foule de choses, madame. Les uns...

ONÉSIME, *lui coupant la parole*
Mon père affirme que M. Rousselin n'aurait qu'à se présenter...

MADAME ROUSSELIN, *vivement*
Vraiment ! c'est son avis ?

ONÉSIME
Sans doute ! Et tous nos paysans qui savent que leur intérêt bien entendu s'accorde avec ses idées...

GRUCHET
Cependant, elles diffèrent un peu des principes de 89 !

ONÉSIME, *riant aux éclats*
Ah! ah! ah! Les immortels principes de 89[1]!

GRUCHET
De quoi riez-vous?

ONÉSIME
Mon père rit toujours quand il entend ce mot-là.

GRUCHET
Eh! sans 89, il n'y aurait pas de députés!

MISS ARABELLE
Vous avez raison, monsieur Gruchet, de défendre le Parlement. Lorsqu'un gentleman est là, il peut faire beaucoup de bien!

GRUCHET
D'abord on habite Paris, pendant l'hiver.

MADAME ROUSSELIN
Et c'est quelque chose! Louise, rapproche-toi donc! Car le séjour de la province, n'est-ce pas, monsieur Murel, à la longue, fatigue?

MUREL, *vivement*
Oui, madame! (*Bas à Louise.*) On y peut cependant trouver le bonheur!

GRUCHET
Comme si cette pauvre province ne contenait que des sots!

---

1. L'expression figée se trouvait dans la bouche d'Homais, qui s'en réclamait: «Je suis pour la *Profession de foi du vicaire savoyard* et les immortels principes de 89!» (*Madame Bovary*, Le Livre de Poche, 1999, p. 156).

MISS ARABELLE, *avec exaltation*
Oh! non! non! Des cœurs nobles palpitent à l'ombre de nos vieux bois; la rêverie se déroule plus largement sur les plaines; dans des coins obscurs, peut-être, il y a des talents ignorés, un génie qui rayonnera! (*Elle s'assied.*)

MADAME ROUSSELIN
Quelle tirade, ma chère! Vous êtes plus que jamais en veine poétique!

ONÉSIME
Mademoiselle, en effet, sauf un léger accent, nous a détaillé tout à l'heure *Le Lac* de M. de Lamartine[1]... d'une façon...

MADAME ROUSSELIN
Mais vous connaissiez la pièce?

ONÉSIME
On ne m'a pas encore permis de lire cet auteur.

MADAME ROUSSELIN
Je comprends! une éducation... sérieuse! (*Lui passant sur les poignets un écheveau de laine à dévider.*) Auriez-vous l'obligeance?... Les bras toujours étendus! fort bien!

---

[1]. Poème emblématique du lyrisme romantique facile, selon Flaubert, et raillé comme tel dans *Madame Bovary*: Emma «se laissa donc glisser dans les méandres lamartiniens, écouta les harpes sur les lacs» (*op. cit.*, p. 104); en compagnie de Léon, la barque et le clair de lune rendent inévitable que l'amoureuse entonne le chant composé sur ce poème (*ibid.*, p. 386).

Onésime

Oh! je sais! Et même, je suis pour quelque chose dans ce paysage en perles que vous a donné ma sœur Élisabeth!

Madame Rousselin

Un ouvrage charmant; il est suspendu dans ma chambre! Louise, quand tu auras fini de regarder *L'Illustration*[1]...

Murel, *à part*

On se méfie de moi; c'est clair!

Madame Rousselin

J'ai admiré, du reste, les talents de vos autres sœurs, la dernière fois que nous avons été au château de Bouvigny.

Onésime

[Ma mère y recevra prochainement la visite de mon grand-oncle, l'évêque de Saint-Giraud.

Madame Rousselin

Monseigneur de Saint-Giraud votre oncle!

Onésime

Oui! le parrain de mon père.

---

1. Autre lecture d'Emma Bovary (*op. cit.*, p. 185), qui rêve sur les images. Le titre de cet hebdomadaire, fondé en 1843, indique le primat de l'iconographie (dessins et gravures à cette époque) sur le texte, inversion de hiérarchie inadmissible pour Flaubert. De grand format et d'un prix élevé, *L'Illustration* vise un lectorat bourgeois aisé, qui affiche par là sa distinction sociale.

MADAME ROUSSELIN

Il nous oublie, le cher comte, c'est un ingrat!]*

ONÉSIME

Oh! non! car il a demandé pour tantôt un rendez-vous à M. Rousselin!

MADAME ROUSSELIN, *l'air satisfait*

Ah!

ONÉSIME

Il veut l'entretenir d'une chose... Et je crois même que j'ai vu entrer, tout à l'heure, Me Dodart.

MUREL, *à part*

Le notaire! Est-ce que déjà?...

MISS ARABELLE

En effet! Et après est venu Marchais, l'épicier, puis M. Bondois, M. Liégeard, d'autres encore.

MUREL, *à part*

Diable! qu'est-ce que cela veut dire?

Scène IV

LES MÊMES, ROUSSELIN.

LOUISE

Ah! papa!

---

* La censure ne permettant pas le mot *évêque* ni le mot *monseigneur*, Mme Rousselin: ... *au château de Bouvigny, mais votre père nous oublie. C'est un ingrat.*

ROUSSELIN, *le sourire aux lèvres*
Regarde-le, mon enfant! Tu peux en être fière! (*Embrassant sa femme.*) Bonjour, ma chérie!

MADAME ROUSSELIN
Que se passe-t-il? cet air rayonnant...

ROUSSELIN, *apercevant Murel*
Vous ici, mon bon Murel! Vous savez déjà... et vous avez voulu être le premier!

MUREL
Quoi donc?

ROUSSELIN, *apercevant Gruchet*
Gruchet aussi! ah! mes amis! C'est bien! Je suis touché! Vraiment, tous mes concitoyens!...

GRUCHET
Nous ne savons rien!

MUREL
Nous ignorons complètement...

ROUSSELIN
Mais ils sont là!... ils me pressent!

TOUS
Qui donc?

ROUSSELIN
[Tout un comité]* qui me propose la candidature de l'arrondissement.

---

* Il y avait dans le texte: *Un comité ministériel me propose.* La censure a enlevé *ministériel*!!!

MUREL, *à part*
Sapristi! on m'a devancé!

MADAME ROUSSELIN
Quel bonheur!

GRUCHET
Et vous allez accepter peut-être?

ROUSSELIN
Pourquoi pas? Je suis conservateur, moi!

MADAME ROUSSELIN
Tu leur as répondu?

ROUSSELIN
Rien encore! Je voulais avoir ton avis.

MADAME ROUSSELIN
Accepte!

LOUISE
Sans doute!

ROUSSELIN
Ainsi, vous ne voyez pas d'inconvénient?

TOUS
Aucun. – Au contraire. – Va donc!

ROUSSELIN
Franchement, vous pensez que je ferais bien?

MADAME ROUSSELIN
Oui! oui!

ROUSSELIN
Au moins, je pourrai dire que vous m'avez forcé! (*Fausse sortie.*)

MUREL, *l'arrêtant*
Doucement! un peu de prudence.

ROUSSELIN, *stupéfait*
Pourquoi?

MUREL
Une pareille candidature n'est pas sérieuse!

ROUSSELIN
Comment cela?

Scène V

LES MÊMES, MARCHAIS, *puis* MAÎTRE DODART.

MARCHAIS
Serviteur à la compagnie! Mesdames, faites excuse! Les messieurs qui sont là m'ont dit d'aller voir ce que faisait M. Rousselin, et qu'il faut qu'il vienne! et qu'il réponde oui!

ROUSSELIN
Certainement!

MARCHAIS
Parce que vous êtes une bonne pratique[1], et que vous ferez un bon député!

---

1. Client habituel.

ROUSSELIN, *avec enivrement*

Député !

DODART, *entrant*

Eh ! mon cher, on s'impatiente, à la fin !

GRUCHET, *à part*

Dodart ! encore un tartufe, celui-là !

DODART, *à Onésime*

Monsieur votre père qui est dans la cour désire vous parler.

MUREL

Ah ! son père est là ?

GRUCHET, *à Murel*

Il vient avec les autres. L'œil au guet, Murel !

MUREL

Pardon, maître Dodart. (*À Rousselin.*) Imaginez un prétexte… (*À Marchais.*) Dites que M. Rousselin se trouve indisposé, et qu'il donnera sa réponse… tantôt. Vivement ! (*Marchais sort.*)

ROUSSELIN

Voilà qui est trop fort, par exemple !

MUREL

Eh ! on n'accepte pas une candidature, comme cela, à l'improviste !

ROUSSELIN

Depuis trois ans je ne fais que d'y penser[1] !

---

1. Cette obsession de la députation peut remonter au début de la Révolution de 1848, avec l'instauration du suffrage universel, le 2 mars 1848.

Murel
Mais vous allez commettre une bévue! Demandez à Mᵉ Dodart, homme plein de sagesse, et qui connaît la localité, s'il peut répondre de votre élection.

Dodart
En répondre, non! J'y crois, cependant! Dans ces affaires-là, après tout, on n'est jamais sûr de rien. D'autant plus que nous ne savons pas si nos adversaires...

Gruchet
Et ils sont nombreux, les adversaires!

Rousselin
Ils sont nombreux?

Murel
Immensément! (*À Dodart.*) Vous excuserez donc notre ami qui désire un peu de réflexion. (*À Rousselin.*) Ah! si vous voulez risquer tout!

Rousselin
Il n'a peut-être pas tort? (*À Dodart.*) Oui, priez-les...

Dodart
Eh bien, monsieur Onésime? Allons!

Murel
Allons! il faut obéir à papa!

Rousselin, *à Murel*
Comment, vous partez aussi? Pourquoi?

MUREL

Cela est mon secret! Tenez-vous tranquille! vous verrez!

Scène VI

Rousselin, Madame Rousselin, Louise
Miss Arabelle, Gruchet.

Rousselin

Que va-t-il faire?

Gruchet

Je n'en sais rien!

Madame Rousselin

Quelque extravagance!

Gruchet

Oui; c'est un drôle de jeune homme! J'étais venu pour avoir la permission de vous en présenter un autre.

Rousselin

Amenez-le!

Gruchet

Oh! il peut fort bien ne pas vous convenir. Vous avez quelquefois des préventions. En deux mots, il se nomme M. Julien Duprat.

Rousselin

Ah! non! non!

Gruchet
Quelle idée !

Rousselin
Qu'on ne m'en parle pas, entendez-vous ! (*Apercevant, sur le guéridon, un journal.*) J'avais pourtant défendu chez moi l'admission de ce papier ! Mais je ne suis pas le maître, apparemment ! (*Examinant la feuille.*) Oui ! encore des vers !

Gruchet
Parbleu, puisque c'est un poète !

Rousselin
Je n'aime pas les poètes ! de pareils galopins...

Miss Arabelle
Je vous assure, monsieur, que je lui ai parlé, une fois, à la promenade, sous les quinconces ; et il est... très bien !

Gruchet
Quand vous le recevriez !

Rousselin
Moins que jamais ! (*À Louise.*) Moins que jamais, ma fille !

Louise
Oh ! je ne le défends pas !

Rousselin
Je l'espère bien... un misérable !

Miss Arabelle, *violemment*
Ah !

Gruchet
Mais pourquoi ?

Rousselin
Parce que... Pardon, miss Arabelle ! (*À sa femme montrant Louise.*) Oui, emmène-la ! J'ai besoin de m'expliquer avec Gruchet.

Scène VII

Rousselin, Gruchet.

Gruchet, *assis sur le banc, à gauche*
Je vous écoute.

Rousselin, *prenant le journal*
Le feuilleton est intitulé : « Encore à Elle ! »

« Les vieux sphinx accroupis qui sont de pierre dure,
« Gémiraient, sous la peine horrible qu'on endure
« Lorsque... »

Eh ! je me fiche bien de tes sphinx !

Gruchet
Moi aussi ; mais je ne comprends pas.

Rousselin
C'est la suite de la correspondance... indirecte.

Gruchet
Si vous vouliez vous expliquer plus clairement ?

Rousselin

Figurez-vous donc qu'il y a eu mardi huit jours, en me promenant dans mon jardin, le matin, de très bonne heure – je suis agité maintenant, je ne dors plus – voilà que je distingue, contre le mur de l'espalier, sur le treillage…

Gruchet

Un homme ?

Rousselin

Non, une lettre, une grande enveloppe ; ça avait l'air d'une pétition, et qui portait pour adresse simplement : « À Elle ! » Je l'ai ouverte, comme vous pensez ; et j'ai lu… une déclaration d'amour en vers, mon ami !… quelque chose de brûlant… tout ce que la passion…

Gruchet

Et pas de signature, naturellement ? Aucun indice ?

Rousselin

Permettez ! La première chose à faire était de connaître la personne qui inspirait ce délire, et comme elle se trouvait décrite dans cette poésie même, car on y parlait de cheveux noirs, mon soupçon d'abord s'est porté sur Arabelle, notre institutrice, d'autant plus…

Gruchet

Mais elle est blonde !

Rousselin

Qu'est-ce que ça fait ? en vers, quelquefois, à cause de la rime, on met un mot pour un autre. Cependant, par délicatesse, vous comprenez, les Anglaises... je n'ai pas osé lui faire de questions.

GRUCHET
Mais votre femme ?

ROUSSELIN
Elle a haussé les épaules, en me disant : « Ne t'occupe donc pas de tout ça ! »

GRUCHET
Et Julien là-dedans ?

ROUSSELIN
Nous y voici ! Je vous prie de noter que la susdite poésie commençait par ces mots :

« Quand j'aperçois ta robe entre les orangers ! »

et que je possède deux orangers, un de chaque côté de ma grille, – il n'y en a pas d'autres aux environs, – c'est donc bien à quelqu'un de chez moi que la déclaration en vers est faite ! À qui ? à ma fille, évidemment, à Louise ! et par qui ? par le seul homme du pays qui compose des vers, Julien ! De plus, si on compare l'écriture de la poésie avec l'écriture qui se trouve tous les jours sur la bande du journal, on reconnaît facilement que c'est la même.

GRUCHET, *à part*
Maladroit, va !

ROUSSELIN
Le voilà, votre protégé ! que voulait-il ? séduire Mlle Rousselin ?

Gruchet
Oh!

Rousselin
L'épouser, peut-être?

Gruchet
Ça vaudrait mieux!

Rousselin
Je crois bien! Maintenant, ma parole d'honneur, on ne respecte plus personne! L'insolent! Est-ce que je lui demande quelque chose, moi? Est-ce que je me mêle de ses affaires! Qu'il écrivaille ses articles! qu'il ameute le peuple contre nous! qu'il fasse l'apologie des bousingots[1] de son espèce! Va, va, mon petit journaliste, cours après les héritières!

Gruchet
Il y en a d'autres qui ne sont pas journalistes, et qui recherchent votre fille pour son argent!

Rousselin
Hein?

Gruchet
Cela saute aux yeux! – On vit à la campagne, où l'on cultive les terres de ses ancêtres soi-même, par économie et fort mal. Du reste, elles sont mauvaises et

---

1. Terme péjoratif formé sur «bousin», chapeau de cuir bouilli que portent les marins, et «bouzingo» (tapage), donné aux jeunes romantiques issus de la Révolution de 1830, qui se distinguaient par leur costume populaire négligé et par des opinions politiques subversives, républicaines ou anarchistes – l'antithèse du bourgeois.

grevées d'hypothèques. Huit enfants, dont cinq filles, une bossue; impossible de voir les autres pendant la semaine, à cause de leurs toilettes. L'aîné des garçons, qui a voulu spéculer sur les bois, s'abrutit à Mostaganem[1] avec de l'absinthe. Ses besoins d'argent sont fréquents. Le cadet, Dieu merci, [sera prêtre] *; le dernier, vous le connaissez, il tapisse. Si bien que l'existence n'est pas drôle dans le castel, où la pluie vous tombe sur la nuque par les trous du plafond. Mais on fait des projets, et de temps à autre, – les beaux jours, ceux-là, – on s'encaque[2] dans la petite voiture de famille disloquée, que le papa conduit lui-même, pour venir se refaire à l'excellente table de ce bon M. Rousselin, trop heureux de la fréquentation.

ROUSSELIN

Ah! vous allez loin; cet acharnement...

GRUCHET

C'est que je ne comprends pas tant de respect pour eux, à moins que, par suite de votre ancienne dépendance...

ROUSSELIN, *avec douleur*

Gruchet, pas un mot de cela, mon ami! pas un mot; ce souvenir...

---

* La censure a biffé le mot *prêtre* sur mon manuscrit. J'ai mis: *Le cadet, Dieu merci, a disparu.*

---

1. Ville de garnison française dans l'Algérie colonisée. On y disparaît sans retour; ainsi du fils de Mme Arnoux à la fin de *L'Éducation sentimentale* (Le Livre de Poche, 2002, p. 616).   2. *S'encaquer*: s'entasser comme des harengs salés dans une caque (barrique en bois).

Gruchet

Soyez sans crainte ; ils ne divulgueront rien, et pour cause !

Rousselin

Alors ?

Gruchet

Mais vous ne voyez donc pas que ces gens-là nous méprisent parce que nous sommes des plébéiens, des parvenus ! et qu'ils vous jalousent, vous, parce que vous êtes riche ! L'offre de la candidature qu'on vient de vous faire, – due, je n'en doute pas, aux manœuvres de Bouvigny, et dont il se targuera, – est une amorce pour happer la fortune de votre fille. Mais comme vous pouvez très bien ne pas être élu...

Rousselin

Pas élu ?

Gruchet.

Certainement ! Et elle n'en sera pas moins la femme d'un idiot, qui rougira de son beau-père.

Rousselin

Oh ! je leur crois des sentiments...

Gruchet

Si je vous apprenais qu'ils en font déjà des gorges chaudes ?

Rousselin

Qui vous l'a dit ?

Gruchet

Félicité, ma bonne. Les domestiques, entre eux, vous savez, se racontent les propos de leurs maîtres.

Rousselin

Quel propos? lequel?

Gruchet

Leur cuisinière les a entendus qui causaient de ce mariage, mystérieusement; et, comme la comtesse avait des craintes, le comte a répondu, en parlant de vous: «Bah! il en sera trop honoré!»

Rousselin

Ah! ils m'honorent!

Gruchet

Ils croient la chose presque arrangée!

Rousselin

Ah! non, Dieu merci!

Gruchet

Ils sont même tellement sûrs de leur fait, que tout à l'heure, devant ces dames, Onésime prenait un petit air fat!

Rousselin

Voyez-vous!

Gruchet

Un peu plus, j'ai cru qu'il allait la tutoyer!

Pierre, *annonçant*

M. le comte de Bouvigny!

Gruchet

Ah ! – Je me retire ! Adieu, Rousselin ! N'oubliez pas ce que je vous ai dit ! (*Il passe devant Bouvigny, le chapeau sur la tête, puis lui montre le poing par-derrière.*) Je te réserve un plat de mon métier, à toi !

Scène VIII

Rousselin, le comte de Bouvigny.

Bouvigny, *d'un ton dégagé*

L'entretien que j'ai réclamé de vous, cher monsieur, avait pour but...

Rousselin, *d'un geste, l'invite à s'asseoir*

Monsieur le comte...

Bouvigny, *s'asseyant*

Entre nous, n'est-ce pas, la cérémonie est inutile ? Je viens donc, presque certain d'avance du succès, vous demander la main de mademoiselle votre fille Louise, pour mon fils le vicomte Onésime-Gaspard-Olivier de Bouvigny ! (*Silence de Rousselin.*) Hein ! vous dites ?

Rousselin

Rien jusqu'à présent, monsieur.

Bouvigny, *vivement*

J'oubliais ! Il y a de grandes espérances, pas directes à la vérité !... et comme dot... une pension ; ... du reste Me Dodart, détenteur des titres, (*baissant la voix*) ne manquera pas... (*Même silence.*) J'attends.

ROUSSELIN

Monsieur... c'est beaucoup d'honneur pour moi, mais...

BOUVIGNY

Comment? mais!...

ROUSSELIN

On a pu, monsieur le comte, vous exagérer ma fortune?

BOUVIGNY

Croyez-vous qu'un pareil calcul?... et que les Bouvigny!...

ROUSSELIN

Loin de moi cette idée! Mais je ne suis pas aussi riche qu'on se l'imagine!

BOUVIGNY, *gracieux*

La disproportion en sera moins grande!

ROUSSELIN

Cependant, malgré des revenus... raisonnables, c'est vrai, nous vivons, sans nous gêner. Ma femme a des goûts... élégants. J'aime à recevoir, à répandre le bien-être autour de moi. J'ai réparé, à mes frais, la route de Bugueux à Faverville[1]. J'ai établi une école, et fondé, à l'hospice, une salle de quatre lits qui portera mon nom.

---

1. La terminaison en -ville, commune à plusieurs toponymes cités dans la pièce, place cette localité en Normandie, mais ces lieux sont fictifs.

BOUVIGNY
On le sait, monsieur, on le sait!

ROUSSELIN
Tout cela pour vous convaincre que je ne suis pas, – bien que fils de banquier et l'ayant été moi-même, – ce qu'on appelle un homme d'argent. Et la position de M. Onésime ne saurait être un obstacle, mais il y en a un autre. Votre fils n'a pas de métier?

BOUVIGNY, *fièrement*
Monsieur, un gentilhomme ne connaît que celui des armes!

ROUSSELIN
Mais il n'est pas soldat?

BOUVIGNY
Il attend, pour servir son pays, que le gouvernement ait changé[1].

ROUSSELIN
Et en attendant?...

BOUVIGNY
Il vivra dans son domaine, comme moi, monsieur!

---

1. En tant qu'aristocrate, Onésime de Bouvigny attend le retour du régime monarchiste, qui ne reviendra plus après la Révolution de 1848 : prétexte pour se dérober à l'armée... Ce passage a été vertement attaqué par plusieurs critiques (Xavier Aubryet, Auguste Vitu, Albert Wolff), au nom du respect dû aux jeunes gens de la noblesse qui ont donné leur sang par patriotisme, en particulier pendant la guerre de 1870, quel que soit le régime politique.

Rousselin

À user des souliers de chasse, fort bien ! Mais moi, monsieur, j'aimerais mieux donner ma fille à quelqu'un dont la fortune, – pardon du mot, – serait encore moindre.

Bouvigny

La sienne est assurée !

Rousselin

À un homme qui n'aurait même rien du tout, pourvu...

Bouvigny

Oh ! rien du tout !...

Rousselin, *se levant*

Oui, monsieur, à un simple travailleur, à un prolétaire.

Bouvigny, *se levant*

C'est mépriser la naissance !

Rousselin

Soit ! Je suis un enfant de la Révolution, moi !

Bouvigny

Vos manières le prouvent, monsieur !

Rousselin

Et je ne me laisse pas éblouir par l'éclat des titres !

Bouvigny

Ni moi par celui de l'or... croyez-le !

ROUSSELIN

Dieu merci, on ne se courbe plus devant les seigneurs, comme autrefois !

BOUVIGNY

En effet, votre grand-père a été domestique dans ma maison !

ROUSSELIN

Ah ! vous voulez me déshonorer ? Sortez, monsieur ! La considération est aujourd'hui un privilège tout personnel. La mienne se trouve au-dessus de vos calomnies ! Ne serait-ce que ces notables qui sont venus tout à l'heure m'offrir la candidature...

BOUVIGNY

On aurait pu me l'offrir aussi, à moi ! et je l'ai, je l'aurais refusée par égard pour vous. Mais devant une pareille indélicatesse, après la déclaration de vos principes, et du moment que vous êtes un démocrate, un suppôt de l'anarchie[1]...

ROUSSELIN

Pas du tout !

BOUVIGNY

Un organe du désordre, moi aussi, je me déclare candidat ! Candidat conservateur, entendez-vous !

---

1. Rhétorique habituelle des monarchistes et des conservateurs : les partisans de l'égalité politique et de l'exercice du pouvoir par le peuple leur paraissent détruire l'ordre social. Le mot *suppôt* s'utilise en général dans l'expression « suppôt de Satan » : la condamnation politique se teinte de diabolisation religieuse.

et nous verrons bien lequel des deux... Je suis même le camarade du préfet qui vient d'être nommé! Je ne m'en cache pas! et il me soutiendra! Bonsoir! (*Il sort.*)

Scène IX

Rousselin, *seul*

Mais ce furieux-là est capable de me démolir dans l'opinion, de me faire passer pour un jacobin! J'ai peut-être eu tort de le blesser. Cependant, vu la fortune des Bouvigny, il m'était bien impossible... N'importe, c'est fâcheux! Murel et Gruchet déjà ne m'avaient pas l'air si rassurés; et il faudrait découvrir un moyen de persuader aux conservateurs... que je suis... le plus conservateur des hommes... hein? qu'est-ce donc?

Scène X

Rousselin, Murel, *avec une foule d'électeurs*, Heurtelot, Beaumesnil, Voinchet, Hombourg, Ledru, *puis* Gruchet.

Murel

Mon cher concitoyen, les électeurs ici présents viennent vous offrir, par ma voix, la candidature du parti libéral de l'arrondissement.

Rousselin
Mais... messieurs...

Murel
Vous aurez entièrement pour vous les communes de Faverville, Harolle, Lahoussaye, Sannevas, Bonneval, Hautot, Saint-Mathieu.

Rousselin
Ah! ah!

Murel
Randou, Manerville, La Coudrette[1]! Enfin nous comptons sur une majorité qui dépassera quinze cents voix, et votre élection est certaine.

Rousselin
Ah! citoyens! (*Bas à Murel.*) Je ne sais que dire.

Murel
Permettez-moi de vous présenter quelques-uns de vos amis politiques: d'abord, le plus ardent de tous, un véritable patriote, M. Heurtelot... fabricant...

Heurtelot
Oh! dites cordonnier, ça ne me fait rien!

---

1. Comme il l'a fait par exemple dans *Madame Bovary*, en associant les lieux réels de Rouen et de Tostes (Tôtes) et la fictive Yonville, Flaubert mélange des toponymes inventés, mais aux sonorités vraisemblables, et des noms attestés dans la Seine-Inférieure d'alors, La Coudrette et Hautot-sur-Seine, ou dans l'Eure, comme Bonneval.

Murel

M. Hombourg, maître de l'hôtel du Lion d'or[1] et entrepreneur de roulage[2], M. Voinchet, pépiniériste, M. Beaumesnil, sans profession, le brave capitaine Ledru[3], retraité.

Rousselin, *avec enthousiasme*

Ah! les militaires!

Murel

Et tous nous sommes convaincus que vous remplirez hautement cette noble mission! (*Bas à Rousselin.*) Parlez donc!

Rousselin

Messieurs!... non, citoyens! Mes principes sont les vôtres! et... certainement que... je suis l'enfant du pays, comme vous! On ne m'a jamais vu dire du mal de la liberté, au contraire! Vous trouverez en moi... un interprète... dévoué à vos intérêts, le défenseur... une digue contre les envahissements du Pouvoir!

Murel, *lui prenant la main*

Très bien, mon ami, très bien! Et n'ayez aucun

---

1. C'est déjà le nom de l'auberge d'Yonville (*Madame Bovary, op. cit.*, p. 148). Par ces reprises, Flaubert suggère la banalité de ces noms reçus, en multipliant les clins d'œil à son roman de la province. 2. Transport de marchandises sur des voitures à roues, tirées par des chevaux. 3. Peut-être une allusion à Ledru-Rollin, l'une des figures majeures de la Deuxième République, ici tournée en dérision. Flaubert avait des raisons de lui en vouloir: c'est lui qui avait fait adopter le suffrage universel.

doute sur le résultat de votre candidature ! D'abord, elle sera soutenue par *L'Impartial* !

ROUSSELIN

L'Impartial pour moi ?

GRUCHET, *sortant de la foule*

Mais tout à fait pour vous ! J'arrive de la rédaction. Julien est d'une ardeur ! (*Bas à Murel, étonné de le voir.*) Il m'a donné des raisons. Je vous expliquerai. (*Aux électeurs.*) Vous permettez, n'est-ce pas ? (*À Rousselin.*) Maintenant, c'est bien le moins que je vous l'amène ?

ROUSSELIN

Qui ? pardon ! car j'ai la tête...

GRUCHET

Que je vous amène Julien ? il a envie de venir.

ROUSSELIN

Est-ce... véritablement nécessaire ?...

GRUCHET

Oh ! indispensable !

ROUSSELIN

Eh bien, alors... oui, comme vous voudrez. (*Gruchet sort.*)

HEURTELOT

Ce n'est pas tout ça, citoyen ! mais la première chose quand vous serez là-bas, c'est d'abolir l'impôt des boissons !

Rousselin
Les boissons ? sans doute !

Heurtelot
Les autres font toujours des promesses ; et puis, va te promener ! Moi, je vous crois un brave ; et tapez là-dedans ! (*Il lui tend la main.*)

Rousselin, *avec hésitation*
Volontiers, citoyen, volontiers !

Heurtelot
À la bonne heure ! et il faut que ça finisse ! Voilà trop longtemps que nous souffrons !

Hombourg
Parbleu ! on ne fait rien pour le Roulage ! l'avoine est hors de prix !

Rousselin
C'est vrai ! l'Agriculture...

Hombourg
Je ne parle pas de l'Agriculture ! Je dis le Roulage !

Murel
Il n'y a que cela ! mais, grâce à lui, le Gouvernement...

Ledru
Ah ! le Gouvernement ! il décore un tas de freluquets !

Voinchet
Et leur tracé du chemin de fer, qui passera par Saint-Mathieu, est d'une bêtise !...

BEAUMESNIL
On ne peut plus élever ses enfants!

ROUSSELIN
Je vous promets...

HOMBOURG
D'abord, les droits de la poste[1]!...

ROUSSELIN
Oh! oui!

LEDRU
Quand ce ne serait que dans l'intérêt de la discipline!...

ROUSSELIN
Parbleu!

VOINCHET
Au lieu que si on avait pris par Bonneval...

ROUSSELIN
Assurément!

BEAUMESNIL
Moi, j'en ai un qui a des dispositions...

ROUSSELIN
Je vous crois!

---

1. En sa qualité d'«entrepreneur de roulage», Hombourg s'intéresse aux règlements relatifs aux transports par les chevaux de poste – «la poste» désignant ici le relais où l'on change les montures; voir la suite de sa réplique: «Ainsi, pour louer un cabriolet...».

Hombourg
Ainsi, pour louer un cabriolet...

Ledru
Je ne demande rien; cependant...

Voinchet
Ma propriété qui se trouve...

Beaumesnil
Car enfin, puisqu'il y a des collèges...

Tous à la fois.

Murel, *élevant la voix plus haut*
Citoyens, pardon, un mot! Citoyens, dans cette circonstance où notre cher compatriote, avec une simplicité de langage que j'ose dire antique, a si bien confirmé notre espoir, je suis heureux d'avoir été votre intermédiaire... et afin de célébrer cet événement, d'où sortiront pour le canton, – et peut-être pour la France, – de nouvelles destinées, permettez-moi de vous offrir, lundi prochain, un punch, à ma fabrique.

les électeurs
Lundi, oui, lundi!

Murel
Nous n'avons plus qu'à nous retirer, je crois?

Tous, *en s'en allant*
Adieu, monsieur Rousselin! À bientôt! ça ira! vous verrez!

Rousselin, *donnant des poignées de main*
Mes amis! Ah! je suis touché, je vous assure! Adieu! Tout à vous! (*Les électeurs s'éloignent.*)

MUREL, *à Rousselin*

Soignez Heurtelot; c'est un meneur! (*Il va retrouver, au fond, les électeurs.*)

ROUSSELIN, *appelant*

Heurtelot!

HEURTELOT

De quoi?

ROUSSELIN

Vous ne pourriez pas me faire quinze paires de bottes?

HEURTELOT

Quinze paires?

ROUSSELIN

Oui! et autant de souliers. Ce n'est pas que j'aille en voyage, mais je tiens à avoir une forte provision de chaussures.

HEURTELOT

On va s'y mettre tout de suite, monsieur! À vos ordres! (*Il va rejoindre les électeurs.*)

HOMBOURG

Monsieur Rousselin, il m'est arrivé dernièrement une paire d'alezans, qui seraient des bijoux à votre calèche! Voulez-vous les voir?

ROUSSELIN

Oui, un de ces jours!

VOINCHET

Je vous donnerai une petite note, vous savez, sur

le tracé du nouveau chemin de fer, de façon à ce que, prenant mon terrain par le milieu...

ROUSSELIN
Très bien !

BEAUMESNIL
Je vous amènerai mon fils ; et vous conviendrez qu'il serait déplorable de laisser un pareil enfant sans éducation.

ROUSSELIN
À la rentrée des classes, soyez sûr !...

HEURTELOT
Voilà un homme, celui-là ! Vive Rousselin !

TOUS
Vive Rousselin ! (*Tous les électeurs sortent.*)

Scène XI

ROUSSELIN, MUREL.

ROUSSELIN, *se précipite sur Murel, et l'embrassant*
Ah ! mon ami ! mon ami ! mon ami !

MUREL
Trouvez-vous la chose bien conduite ?

ROUSSELIN
C'est-à-dire que je ne peux pas vous exprimer...

MUREL
Vous en aviez envie, avouez-le ?

Rousselin

J'en serais mort! Au bout d'un an que je m'étais retiré ici, à la campagne, j'ai senti peu à peu comme une langueur. Je devenais lourd. Je m'endormais le soir, après le dîner; et le médecin a dit à ma femme: «Il faut que votre mari s'occupe!» Alors j'ai cherché en moi-même ce que je pourrais bien faire.

Murel

Et vous avez pensé à la députation?

Rousselin

Naturellement! Du reste, j'arrivais à l'âge où l'on se doit ça. J'ai donc acheté une bibliothèque. J'ai pris un abonnement au *Moniteur*[1].

Murel

Vous vous êtes mis à travailler, enfin!

Rousselin

Je me suis fait, premièrement, admettre dans une société d'archéologie[2], et j'ai commencé à recevoir, par la poste, des brochures. Puis, j'ai été du conseil municipal, du conseil d'arrondissement, enfin du conseil général; et dans toutes les questions impor-

---

1. Fondé en 1789, *Le Moniteur universel* fut le journal officiel, porte-parole des gouvernements successifs après la Révolution de 1848 comme après le coup d'État de Louis-Napoléon Bonaparte. 2. Signe de distinction pour le bourgeois: faire partie d'une société savante. Flaubert choisit la plus ancienne: la Société française d'archéologie pour la conservation et la description des monuments historiques a été fondée en 1834 par le Normand Arcisse de Caumont, dont l'écrivain connaissait les travaux.

tantes, de peur de me compromettre... je souriais. Oh! le sourire, quelquefois, est d'une ressource!

MUREL
Mais le public n'était pas fixé sur vos opinions, et il a fallu – vous ne savez peut-être pas...

ROUSSELIN
Oui! je sais... c'est vous, vous seul!

MUREL
Non, vous ne savez pas!

ROUSSELIN
Si fait! ah! quel diplomate!

MUREL, *à part*
Il y mord! (*Haut.*) Les ouvriers de ma fabrique étaient hostiles au début. Des hommes redoutables, mon ami! À présent, tous dans votre main!

ROUSSELIN
Vous valez votre pesant d'or!

MUREL, *à part*
Je n'en demande pas tant!

ROUSSELIN, *le contemplant*
Tenez! vous êtes pour moi... plus qu'un frère!... comme mon enfant!

MUREL, *avec lenteur*
Mais... je pourrais... l'être.

ROUSSELIN
Sans doute! en admettant que je sois plus vieux.

MUREL, *avec un rire forcé*

Ou moi... en devenant votre gendre. Voudriez-vous ?

ROUSSELIN, *avec le même rire*

Farceur !... vous ne voudriez pas vous-même !

MUREL

Parbleu ! oui !

ROUSSELIN

Allons donc ! avec vos habitudes parisiennes !

MUREL

Je vis en province !

ROUSSELIN

Eh ! on ne se marie pas à votre âge !

MUREL

Trente-quatre ans, c'est l'époque !

ROUSSELIN

Quand on a, devant soi, un avenir comme le vôtre !

MUREL

Eh ! mon avenir s'en trouverait singulièrement...

ROUSSELIN

Raisonnons ; vous êtes tout simplement le directeur de la filature[1] de Bugneaux, représentant la Compagnie flamande. Appointements : vingt mille.

---

1. Encore un indice de la localisation de l'action en Normandie : la filature était l'une de ses principales activités industrielles.

Murel

Plus une part considérable dans les bénéfices!

Rousselin

Mais l'année où on n'en fait pas? Et puis, on peut très bien vous mettre à la porte.

Murel

J'irai ailleurs, où je trouverai…

Rousselin

Mais vous avez des dettes! des billets en souffrance! on vous harcèle!

Murel

Et ma fortune, à moi! sans compter que plus tard…

Rousselin

Vous allez me parler de l'héritage de votre tante? Vous n'y comptez pas vous-même. Elle habite à deux cents lieues d'ici, et vous êtes fâchés!

Murel, *à part*

Il sait tout, cet animal-là!

Rousselin

Bref, mon cher, et quoique je ne doute nullement de votre intelligence ni de votre activité, j'aimerais mieux donner ma fille… à un homme…

Murel

Qui n'aurait rien du tout, et qui serait bête!

Rousselin

Non! mais dont la fortune, quoique minime, serait certaine!

Murel

Ah! par exemple!

Rousselin

Oui, monsieur, à un modeste rentier, à un petit propriétaire de campagne.

Murel

Voilà le cas que vous faites du travail!

Rousselin

Écoutez donc! l'industrie, ça n'est pas sûr; et un bon père de famille doit y regarder à deux fois.

Murel

Enfin, vous me refusez votre fille?

Rousselin

Forcément! et en bonne conscience, ce n'est pas ma faute! sans rancune, n'est-ce pas? (*Appelant.*) Pierre! mon buvard, et un encrier! Asseyez-vous là! Vous allez préparer ma profession de foi aux électeurs. (*Pierre apporte ce que Rousselin a demandé, et le dépose sur la petite table, à droite.*)

Murel

Moi! que je...

Rousselin

Nous la reverrons ensemble! Mais commencez d'abord. Avec votre verve, je ne suis pas inquiet! Ah! vous m'avez donné tout à l'heure un bon coup d'épaule, pour mon discours! Je ne vous tiens pas quitte! Est-il gentil! – Je vous laisse! Moi, je vais à mes petites affaires! Quelque chose d'enlevé, n'est-ce pas? – du feu! (*Il sort.*)

Scène XII

MUREL, *seul*.

Imbécile! Me voilà bien avancé, maintenant! (*À la cantonade.*) Mais, vieille bête, tu ne trouveras jamais quelqu'un pour la chérir comme moi! De quelle façon me venger? ou plutôt si je lui faisais peur? C'est un homme à sacrifier tout pour être élu. Donc, il faudrait lui découvrir un concurrent! Mais lequel? (*Entre Gruchet.*) Ah!

Scène XIII

MUREL, GRUCHET.

GRUCHET
Qu'est-ce qui vous prend?

MUREL
Un remords! J'ai commis une sottise, et vous aussi.

GRUCHET
En quoi?

MUREL
Vous étiez tout à l'heure avec ceux qui portent Rousselin à la candidature? Vous l'avez vu!

GRUCHET
Et même que j'ai été chercher Julien; il va venir.

Murel

Il ne s'agit pas de lui, mais de Rousselin! Ce Rousselin, c'est un âne! Il ne sait pas dire quatre mots! et nous aurons le plus pitoyable député!

Gruchet

L'initiative n'est pas de moi!

Murel

Il s'est toujours montré on ne peut plus médiocre.

Gruchet

Certainement!

Murel

Ce qui ne l'empêche pas d'avoir une considération!... tandis que vous...

Gruchet, *vexé*

Moi, eh bien?

Murel

Je ne veux pas vous offenser, mais vous ne jouissez pas, dans le pays, de l'espèce d'éclat qui entoure la maison Rousselin.

Gruchet

Oh! si je voulais! (*Silence.*)

Murel, *le regardant en face*

Gruchet, seriez-vous capable de vous livrer à une assez forte dépense?

Gruchet

Ce n'est pas trop dans mon caractère; cependant...

Murel

Si on vous disait : « Moyennant quelques mille francs, tu prendras sa place, tu seras député ! »

Gruchet

Moi, dé...

Murel

Mais songez donc que là-bas, à Paris, on est à la source des affaires ! on connaît un tas de monde ! on va soi-même chez les ministres ! Les adjudications de fournitures, les primes sur les sociétés nouvelles, les grands travaux, la Bourse ! on a tout ! Quelle influence ! mon ami, que d'occasions !

Gruchet

Comment voulez-vous que ça m'arrive ? Rousselin est presque élu !

Murel

Pas encore ! Il a manqué de franchise dans la déclaration de ses principes ; et là-dessus la chicane est facile ! Quelques électeurs n'étaient pas contents. Heurtelot grommelait.

Gruchet

Le cordonnier ? J'ai contre lui une saisie pour après-demain !

Murel

Épargnez-le ; il est fort ! Quant aux autres, on verra. Je m'arrangerai pour que la chose commence par les ouvriers de ma fabrique... puis, s'il faut se déclarer pour vous, je me déclarerai, M. Rousselin n'ayant pas le patriotisme nécessaire; je serai forcé de le reconnaître; d'ailleurs, je le reconnais, c'est une ganache[1].

Gruchet, *rêvant*

Tiens! tiens!

Murel

Qui vous arrête? Vous êtes pour la gauche? Eh bien, on vous pousse à la Chambre de ce côté-là; et quand même vous n'iriez pas, votre candidature seule, en ôtant des voix à Rousselin, l'empêche d'y parvenir.

Gruchet

Comme ça le ferait bisquer!

Murel

Un essai ne coûte rien; peut-être quelques centaines de francs dans les cabarets.

Gruchet, *vivement*

Pas plus, vous croyez?

Murel

Et je vais remuer tout l'arrondissement *, et vous serez nommé, et Rousselin sera enfoncé! Et beaucoup de ceux qui font semblant de ne pas vous connaître s'inclineront très bas en vous disant: «Monsieur le député, j'ai bien l'honneur de vous offrir mes hommages.»

---

1. Homme stupide.

* *Nous ferons répandre que c'est un légitimiste déguisé*; biffé par la censure.

Scène XIV

Les mêmes, Julien.

Murel
Mon petit Duprat, vous ne verrez pas M. Rousselin !

Julien
Je ne pourrai pas voir…

Murel
Non ! Nous sommes brouillés… sur la politique.

Julien
Je ne comprends pas ! Tantôt vous êtes venu chez moi me démontrer qu'il fallait soutenir M. Rousselin, en me donnant une foule de raisons…, que j'ai été redire à M. Gruchet. Il les a, de suite, acceptées, d'autant plus qu'il désire…

Gruchet
Ceci entre nous, mon cher ! C'est une autre question, qui ne concerne pas Rousselin.

Julien
Pourquoi n'en veut-on plus ?

Murel
Je vous le répète, ce n'est pas l'homme de notre parti.

Gruchet, *avec fatuité*
Et on en trouvera un autre !

MUREL
Vous saurez lequel. Allons-nous-en! On ne conspire pas chez l'ennemi.

JULIEN
L'ennemi? Rousselin!

MUREL
Sans doute; et vous aurez l'obligeance de l'attaquer dans *L'Impartial*, vigoureusement!

JULIEN
Pourquoi cela? Je ne vois pas de mal à en dire.

GRUCHET
Avec de l'imagination, on en trouve.

JULIEN
Je ne suis pas fait pour ce métier!

GRUCHET
Écoutez donc! Vous êtes venu à moi le premier m'offrir vos services, et sachant que j'étais l'ami de Rousselin, vous m'avez prié, – c'est le mot, – de vous introduire chez lui.

JULIEN
À peine y suis-je que vous m'en arrachez!

GRUCHET
Ce n'est pas ma faute si les choses ont pris, tout à coup, une autre direction.

JULIEN
Est-ce la mienne?

Gruchet

Mais comme il était bien convenu entre nous deux que vous entameriez une polémique contre la société des Tourbières de Grumesnil-les-Arbois, président : le comte de Bouvigny, en démontrant l'incapacité financière dudit sieur, – une affaire superbe dont ce gredin de Dodart m'a exclu !...

Murel, *à part*

Ah ! voilà le motif de leur alliance !

Gruchet

Jusqu'à présent, vous n'en avez rien fait ; donc, c'est bien le moins, cette fois, que vous vous exécutiez ! Ce qu'on vous demande, d'ailleurs, n'est pas tellement difficile...

Julien

N'importe ! je refuse.

Murel

Julien, vous oubliez qu'aux termes de notre engagement...

Julien

Oui, je sais ! Vous m'avez pris pour faire des découpures dans les autres feuilles, écrire toutes les histoires de chiens perdus, noyades, incendies, accidents quelconques et rapetisser à la mesure de l'esprit local les articles des confrères parisiens, en style plat ; c'est une exigence, chaque métaphore enlève un abonnement. Je dois aller aux informations, écouter les réclamations, recevoir toutes les visites, exécuter un travail de forçat, mener une vie d'idiot, et n'avoir, en quoi que ce soit, jamais d'initiative ! Eh bien, une fois par hasard, je demande grâce !

Murel
Tant pis pour vous !

Gruchet
Alors, il ne fallait pas prendre cette place !

Julien
Si j'en avais une autre !

Gruchet
Quand on n'a pas de quoi vivre, c'est pourtant bien joli !

Julien, *s'éloignant*
Ah ! la misère !

Murel
Laissons-le bouder ! Asseyons-nous, pour que j'écrive votre profession de foi.

Gruchet
Très volontiers ! (*Ils s'assoient.*)

Julien, *un peu remonté au fond*
Comme je m'enfuirais à la grâce de Dieu, n'importe où, si tu n'étais pas là, mon pauvre amour ! (*Regardant la maison de Rousselin.*) Oh ! je ne veux pas que dans ta maison aucune douleur, fût-ce la moindre, survienne à cause de moi ! Que les murs qui t'abritent soient bénis ! Mais... sous les acacias, il me semble... qu'une robe ?... Disparue ! Plus rien ! Adieu. (*Il s'éloigne.*)

GRUCHET, *le rappelant*

Restez donc ; nous avons quelque chose à vous montrer !

JULIEN

Ah ! j'en ai assez de vos sales besognes ! (*Il sort.*)

MUREL, *tendant le papier à Gruchet*

Qu'en pensez-vous ?

GRUCHET

C'est très bien ; merci !... Cependant...

MUREL

Qu'avez-vous ?

GRUCHET

Rousselin m'inquiète !

MUREL

Un homme sans conséquence !

GRUCHET

Eh ! vous ne savez pas de quoi il est capable – au fond ! Et puis, le jeune Duprat ne m'a pas l'air extrêmement chaud ?

MUREL

Son entêtement à ménager Rousselin doit avoir une cause ?

GRUCHET

Eh ! il est amoureux de Louise !

MUREL

Qui vous l'a dit ?

Acte premier. Scène XIV

GRUCHET

Rousselin lui-même!

MUREL, *à part*

Un autre rival! Bah! j'en ai roulé de plus solides! Écoutez-moi: je vais le rejoindre pour le catéchiser; vous, pendant ce temps-là, faites imprimer la profession de foi; voyez tous vos amis, et trouvez-vous ici dans deux heures.

GRUCHET

Convenu! (*Il sort.*)

MUREL

Et maintenant, monsieur Rousselin, c'est vous qui m'offrirez votre fille! (*Il sort.*)

FIN DU PREMIER ACTE

ACTE DEUXIÈME

Le théâtre représente une promenade sous les quinconces. – À gauche, au deuxième plan, le café Français; à droite, la grille de la maison de Rousselin. – Au lever du rideau, un colleur est en train de coller trois affiches sur les murs de la maison de Rousselin.

Scène première

Heurtelot, Marchais, le garde champêtre, Foule.

Le garde champêtre, *à la foule*
Circulez! circulez! laissez toute la place aux proclamations!

La foule
Trop juste!

Heurtelot
Ah! la profession de foi de Bouvigny!

Marchais
Parbleu, puisqu'il sera nommé!

HEURTELOT

C'est Gruchet qui sera nommé! Lisez plutôt son affiche!

MARCHAIS

Que je la lise?...

HEURTELOT

Oui!

MARCHAIS

Commencez vous-même! (*À part.*) Il ne connaît pas ses lettres! (*Haut.*) Eh bien?

HEURTELOT

Mais vous?

MARCHAIS

Moi?...

HEURTELOT, *à part*

Il ne sait pas épeler! (*Haut.*) Allons...

LE GARDE CHAMPÊTRE

Et ça vote! – Tenez, je vais m'y mettre pour vous! D'abord, celle du comte de Bouvigny: «Mes amis, cédant à de vives instances, j'ai cru devoir me présenter à vos suffrages...»

HEURTELOT

Connu! À l'autre! Celle de Gruchet!

LE GARDE CHAMPÊTRE

«Citoyens, c'est pour obéir à la volonté de quelques amis que je me présente...»

MARCHAIS
Quel farceur ! assez !

LE GARDE CHAMPÊTRE
Alors je passe à celle de M. Rousselin ! « Mes chers compatriotes, si plusieurs d'entre vous ne m'en avaient vivement sollicité, je n'oserais... »

HEURTELOT
Il nous embête ! je vais déchirer son affiche !

MARCHAIS
Moi aussi, car c'est une trahison !

LE GARDE CHAMPÊTRE, *s'interposant*
Vous n'en avez pas le droit !

MARCHAIS
Comment, pour soutenir l'ordre !

HEURTELOT
Eh bien, et la liberté ?

LE GARDE CHAMPÊTRE
Laissez les papiers tranquilles, ou je vous flanque au violon tous les deux !

HEURTELOT
Voilà bien le Gouvernement ! Il est à nous vexer[1], toujours !

MARCHAIS
On ne peut rien faire !

---

1. Ici, au sens de tourmenter, de la part d'un pouvoir qui abuse de son autorité.

Scène II

Les mêmes, Murel, Gruchet.

Murel, *à Heurtelot*
Fidèle au poste ! c'est bien ! Prenez-les tous ; faites-les boire !

Heurtelot
Oh ! là-dessus !…

Murel, *aux électeurs*
Entrez ! et pas de cérémonie ! J'ai donné des ordres ; c'est Gruchet qui régale.

Gruchet
Jusqu'à un certain point, cependant !

Murel, *à Gruchet*
Allez donc !

Les électeurs
Ah ! Gruchet ! un bon ! un solide ! un patriote ! (*Ils entrent tous dans le café.*)

Scène III

Murel, Miss Arabelle.

Murel, *se dirigeant vers la grille de la maison Rousselin*
Il faut, pourtant, que je tâche de voir Louise !

MISS ARABELLE, *sortant de la grille*
Je voudrais vous parler, monsieur.

MUREL
Tant mieux, miss Arabelle! Et Louise, dites-moi, n'est-elle pas?...

MISS ARABELLE
Mais vous étiez avec quelqu'un?

MUREL
Oui.

MISS ARABELLE
M. Julien, je crois?

MUREL
Non, Gruchet.

MISS ARABELLE
Gruchet! Ah! bien mauvais homme! C'est vilain, sa candidature!

MUREL
En quoi, miss Arabelle?

MISS ARABELLE
M. Rousselin lui a prêté, autrefois, une somme qui n'est pas rendue. J'ai vu le papier.

MUREL, *à part*
C'est donc pour cela que Gruchet en a peur!

MISS ARABELLE

Mais M. Rousselin, par délicatesse, gentlemanry[1], ne voudra pas poursuivre! Il est bien bon! seulement bizarre quelquefois! Ainsi sa colère contre M. Julien...

MUREL

Et Louise, miss Arabelle?

MISS ARABELLE

Oh! quand elle a su votre mariage impossible, elle a pleuré, beaucoup.

MUREL, *joyeux*

Vraiment?

MISS ARABELLE

Oui; et, pauvre petite! Mme Rousselin est bien dure pour elle!

MUREL

Et son père?

MISS ARABELLE

Il a été très fâché!

MUREL

Est-ce qu'il regrette?...

MISS ARABELLE

Oh! non! Mais il a peur de vous.

---

1. Qualité d'un gentleman. Terme rare, attesté cependant chez Paul Féval (information communiquée par Catriona Seth).

MUREL

Je l'espère bien!

MISS ARABELLE

À cause des ouvriers, et de *L'Impartial,* où il dit que vous êtes le maître!

MUREL, *riant*

Ah! ah!

MISS ARABELLE

Mais non, n'est-ce pas, c'est M. Julien?

MUREL

Continuez, miss Arabelle.

MISS ARABELLE

Oh, moi, je suis bien triste, bien triste! et je voudrais un raccommodement.

MUREL

Cela me paraît maintenant difficile!

MISS ARABELLE

Oh! non! M. Rousselin en a envie, je suis sûre! Tâchez! Je vous en prie!

MUREL, *à part*

Est-elle drôle!

MISS ARABELLE

C'est dans votre intérêt, à cause de Louise! Il faut que tout le monde soit content: elle, vous, moi, M. Julien!

MUREL, *à part*

Encore Julien! Ah! que je suis bête; c'était pour

l'institutrice; une muse et un poète, parfait! (*Haut.*) Je ferai ce qui dépendra de moi. Au revoir, mademoiselle!

MISS ARABELLE, *saluant*

Good afternoon, sir! (*Apercevant une vieille femme qui lui fait signe de venir.*) Ah! Félicité! (*Elle sort avec elle.*)

Scène IV

MUREL, ROUSSELIN.

ROUSSELIN, *entrant*

C'est inouï, ma parole d'honneur!

MUREL, *à part*

Rousselin! À nous deux!

ROUSSELIN

Gruchet! un Gruchet, qui veut me couper l'herbe sous le pied! un misérable que j'ai défendu, nourri; et il se vante d'être soutenu par vous?

MUREL

Mais...

ROUSSELIN

D'où diable lui est venue cette idée de candidature?

MUREL

Je n'en sais rien. Il est tombé chez moi comme un furieux, en disant que j'allais abjurer mes opinions.

ROUSSELIN

C'est parce que je suis modéré ! Je proteste également contre les tempêtes de la démagogie que souhaite ce polisson de Gruchet, et le joug de l'absolutisme, dont M. de Bouvigny est l'abominable soutien, le gothique symbole ! en un mot, – fidèle aux traditions du vieil esprit français, – je demande avant tout le règne des lois, le gouvernement du pays par le pays, avec le respect de la propriété[1] ! Oh ! là-dessus, par exemple !...

MUREL

Justement ! on ne vous trouve pas assez républicain.

ROUSSELIN.

Je le suis plus que Gruchet, encore une fois ! car je me prononce, – voulez-vous que je l'imprime, – pour la suppression des douanes et de l'octroi[2].

MUREL

Bravo !

ROUSSELIN

Je demande l'affranchissement des pouvoirs muni-

---

1. « Alors, la Propriété monta dans les respects au niveau de la Religion et se confondit avec Dieu » (*L'Éducation sentimentale*, *op. cit.*, p. 441).   2. Les droits de douane sont prélevés aux frontières d'un pays, et l'octroi à l'entrée de certaines villes. Rousselin est donc partisan du libre-échange, et opposé au protectionnisme.

cipaux[1], une meilleure composition du jury[2], la liberté de la presse[3], l'abolition de toutes les sinécures et titres nobiliaires.

MUREL

Très bien !

ROUSSELIN

Et l'application sérieuse du suffrage universel ! Cela vous étonne ! Je suis comme ça, moi ! Notre nouveau préfet qui soutient la réaction, je lui ai écrit trois lettres, en manière d'avertissement ! Oui, monsieur ! Et

---

1. Les conseils municipaux sont élus au suffrage universel depuis 1848, mais les maires de certaines villes, en fonction de leur importance, sont nommés par le préfet : par son intermédiaire, le pouvoir central exerce un contrôle politique sur les collectivités locales. 2. La Révolution de 1848 a été l'occasion de s'interroger sur le recrutement des jurés siégeant dans les cours d'assises pour juger les affaires criminelles, institution mise en place par la Révolution de 1789 : le juge de paix, le maire et le préfet sélectionnaient les membres du jury, ce qui mettait en question son indépendance en subordonnant en partie le pouvoir judiciaire au pouvoir exécutif. Au moment où Flaubert compose sa pièce, la question a été d'actualité, puisque « le 21 novembre 1872, [l'Assemblée nationale] a promulgué une nouvelle loi sur le jury, inspirée par un parti pris de réaction contre les idées démocratiques, parti pris qui se montre particulièrement dans la composition des commissions instituées pour la formation des listes définitives des jurés » (Pierre Larousse, *Grand Dictionnaire universel du XIXe siècle*, entrée « Jury »). 3. La presse a connu une brève période de liberté pendant la Révolution de 1848, entre l'abrogation des lois de septembre 1835 sur la censure, le 6 mars 1848, et la loi sur les crimes et délits commis par voie de presse le 11 août. Le Second Empire a accentué la surveillance et la répression des journaux par le décret du 17 février 1852.

je suis capable de le braver en face, de l'insulter! Vous pouvez dire ça aux ouvriers!

MUREL, *à part*
Est-ce qu'il parlerait sérieusement?

ROUSSELIN
Vous voyez donc qu'en me préférant Gruchet... car, je vous le répète, il se vante d'être soutenu par vous. Il le crie dans toute la ville.

MUREL
Que savez-vous si je vote pour lui?

ROUSSELIN
Comment?

MUREL
Moi, en politique, je ne tiens qu'aux idées; or les siennes ne m'ont pas l'air d'être aussi progressives que les vôtres? Un moment! Tout n'est pas fini!

ROUSSELIN
Non! tout n'est pas fini! et on ne sait pas jusqu'où je peux aller, pour plaire aux électeurs. Aussi, je m'étonne d'avoir été méconnu par une intelligence comme la vôtre.

MUREL
Vous me comblez!

ROUSSELIN
Je ne doute pas de votre avenir!

MUREL
Eh bien, alors, dans ce cas-là...

Rousselin
Quoi?

Murel
Pour répondre à votre confiance, – j'ai un petit aveu à vous faire : – en écoutant Gruchet, c'était après ce refus, et j'ai cédé à un mouvement de rancune.

Rousselin
Tant mieux! ça prouve du cœur.

Murel
Comme j'adore votre fille, je vous maudissais.

Rousselin
Ce cher ami! Ah! votre défection m'a fait une peine!...

Murel
Sérieusement, si je ne l'ai pas, j'en mourrai!

Rousselin
Il ne faut pas mourir!

Murel
Vous me donnez de l'espoir?

Rousselin
Eh! eh! Après mûr examen, votre position personnelle me paraît plus avantageuse...

Murel, *étonné*
Plus avantageuse?

Rousselin
Oui, car sans compter trente mille francs d'appointements...

MUREL, *timidement*

Vingt mille !

ROUSSELIN

Trente mille ! en plus, une part dans les bénéfices de la Compagnie ; et puis vous avez votre tante...

MUREL

Mme veuve Murel de Montélimart ?

ROUSSELIN

Puisque vous êtes son héritier.

MUREL

Avec un autre neveu, militaire !

ROUSSELIN

Alors, il y a des chances !... (*Faisant le geste de tirer un coup de fusil.*) Les Bédouins[1] ! (*Il rit.*)

MUREL, *riant*

Oui, oui, vous avez raison ! Les femmes, même les vieilles, changent d'idées facilement ; celle-là est capricieuse. Bref ! cher monsieur Rousselin, j'ai tout lieu de croire que ma bonne tante songe à moi, quelquefois.

ROUSSELIN, *à part*

Si c'était vrai, cependant ? (*Haut.*) Enfin, mon cher, trouvez-vous ce soir, après dîner, là, devant ma porte, sans avoir l'air de me chercher. (*Il sort.*)

---

1. Rousselin suggère que le neveu militaire pourrait être envoyé en Algérie colonisée, et tué par les nomades du désert.

Scène V

Murel, *seul*.

Un rendez-vous pour ce soir! Mais c'est une avance, une espèce de consentement; Arabelle disait vrai.

Scène VI

Murel, Gruchet, *puis* Hombourg, *puis* Félicité.

GRUCHET
Me voilà! je n'ai pas perdu de temps! Quoi de neuf? – Répondez-moi.

MUREL
Gruchet, avez-vous réfléchi à l'affaire dans laquelle vous vous embarquez?

GRUCHET
Hein?

MUREL
Ce n'est pas une petite besogne que d'être député.

GRUCHET
Je le crois bien!

MUREL
Vous allez avoir sur le dos tous les quémandeurs.

GRUCHET
Oh! moi, mon bon, je suis habitué à éconduire les gens.

Murel
N'importe, ils vous dérangeront de vos affaires énormément.

Gruchet
Jamais de la vie !

Murel
Et puis, il va falloir habiter Paris. C'est une dépense.

Gruchet
Eh bien, j'habiterai Paris ! ce sera une dépense ! voilà !

Murel
Franchement, je n'y vois pas de grands avantages.

Gruchet
Libre à vous !... moi, j'en vois.

Murel
Vous pouvez d'ailleurs échouer.

Gruchet
Comment ? vous savez quelque chose ?

Murel
Rien de grave ! Cependant Rousselin, eh ! eh ! il gagne dans l'opinion.

Gruchet
Tantôt, vous disiez que c'est un imbécile !

Murel
Ça n'empêche pas de réussir.

GRUCHET

Alors, vous me conseillez de me démettre?

MUREL

Non! Mais il est toujours fâcheux d'avoir contre soi un homme de l'importance de Rousselin.

GRUCHET

Son im-por-tance!

MUREL

Il a beaucoup d'amis, ses manières sont cordiales, enfin il plaît; et tout en ménageant les conservateurs, il pose pour le républicain.

GRUCHET

On le connaît!

MUREL

Ah! si vous comptez sur le bon sens du public...

GRUCHET

Mais pourquoi tenez-vous à me décourager, quand tout marche comme sur des roulettes? Écoutez-moi: primo, sans qu'on s'en doute le moins du monde, je saurai par Félicité, ma bonne, tout ce qui se passe chez lui.

MUREL

Ce n'est peut-être pas trop délicat ce que vous faites.

GRUCHET

Pourquoi?

MUREL

Ni même prudent; car on dit que vous lui avez autrefois emprunté...

GRUCHET

On le dit? Eh bien...

MUREL

Il faudrait d'abord lui rendre la somme.

GRUCHET

Pour cela, il faudrait d'abord que vous me rendiez ce qui m'est dû, vous! Soyons justes!

MUREL

Ah! devant les preuves de mon dévouement, et à l'instant même où je vous gratifie d'un excellent conseil, voilà ce que vous imaginez! Mais, sans moi, mon bonhomme, jamais de la vie vous ne seriez élu; je m'éreinte, bien que je n'aie aucun intérêt...

GRUCHET

Qui sait? Ou plutôt je n'y comprends goutte; tour à tour, vous me poussez, vous m'arrêtez! Ce que je dois à Rousselin? Les autres aussi feront des réclamations! On n'est pas inépuisable. Il faudrait pourtant que je rentre dans mes avances! Et la note du café qui va être terrible, – car ces farceurs-là boivent, boivent! – Si vous croyez que je n'y pense pas! C'est un gouffre qu'une candidature! (*À Hombourg, qui entre.*) Hombourg! quoi encore?

HOMBOURG

Le bourgeois[1] est-il là?

---

1. Ici, au sens de maître de maison.

Gruchet
Je n'en sais rien!

Hombourg
Un mot! Je possède un petit bidet cauchois, pas cher, et qui vous serait bien utile pour vos tournées électorales?

Gruchet
Je les ferai à pied; merci!

Hombourg
Une occasion, monsieur Gruchet!

Gruchet
Des occasions comme celles-là, on les retrouve!

Hombourg
Je ne crois pas!

Gruchet
Il m'est, à présent, impossible...

Hombourg
À votre service! (*Il entre chez Rousselin.*)

Murel
Pensez-vous que Rousselin eût fait cela? Cet homme, qui tient une auberge, va vous déchirer près de ses pratiques[1]. Vous venez de perdre, peut-être, cinquante voix. Je suis fatigué de vous soutenir.

Gruchet
Du calme! j'ai eu tort! Admettons que je n'aie rien dit. C'est que vous veniez de m'agacer avec votre his-

---
1. Voir p. 49, note 1.

toire de Rousselin, qui, d'abord, n'est peut-être pas vraie. De qui la tenez-vous? À moins que lui-même... Ah! c'est plutôt une farce de votre invention, pour m'éprouver. (*Rumeur dans la coulisse.*)

MUREL

Écoutez donc!

GRUCHET

J'entends bien.

MUREL

Le bruit se rapproche.

DES VOIX, *dans la coulisse*

Gruchet! Gruchet!

FÉLICITÉ, *apparaissant à gauche*

Monsieur, on vous cherche!

GRUCHET

Moi?

FÉLICITÉ

Oui, venez tout de suite!

GRUCHET

Me voilà! (*Il sort précipitamment avec elle. – Le bruit augmente.*)

MUREL, *en s'en allant par la gauche*

Tout ce tapage! Qu'est-ce donc? (*Il sort.*)

Scène VII

Rousselin, *puis* Hombourg.

Rousselin, *sortant de chez lui*
Ah! le peuple à la fin s'agite! pourvu que ce ne soit pas contre moi!

Tous, *criant dans le café*
Enfoncés, les bourgeois!

Rousselin
Voilà qui devient inquiétant.

Gruchet, *passant au fond,
et tâchant de se soustraire aux ovations*
Mes amis, laissez-moi! non! vraiment!

Tous
Gruchet! Vive Gruchet! notre député!

Rousselin
Comment, député?

Hombourg, *sortant de chez Rousselin*
Parbleu! puisque Bouvigny se retire.
                        La bande s'éloigne.

Rousselin
Pas possible!

Hombourg
Mais oui, le ministère est changé. Le préfet donne sa démission; et il vient d'écrire à Bouvigny, pour l'en-

gager à faire comme lui, à se démettre! (*Il sort par où est sortie la bande.*)

ROUSSELIN
Eh bien, alors, il ne reste plus que... (*La main sur la poitrine pour dire: moi.*) Mais non! il y a encore Gruchet! (*Rêvant.*) Gruchet! (*Apercevant Dodart qui entre.*) Que me voulez-vous?

Scène VIII

ROUSSELIN, DODART.

DODART
Je viens pour vous rendre un service.

ROUSSELIN
De la part d'un féal de M. le comte, cela m'étonne!

DODART
Vous apprécierez ma conduite, plus tard. M. de Bouvigny ayant retiré sa candidature...

ROUSSELIN, *brusquement*
Il l'a retirée? c'est vrai?

DODART
Oui... pour des raisons...

ROUSSELIN
Personnelles.

DODART
Comment?

Rousselin

Je dis : il a eu des raisons, voilà tout !

Dodart

En effet ; et permettez-moi de vous avertir d'une chose... capitale. Tous ceux qui s'intéressent à vous, – je suis du nombre, n'en doutez pas, – commencent à s'effrayer de la violence de vos adversaires !

Rousselin

En quoi ?

Dodart

Vous n'avez donc pas entendu les cris insurrectionnels que poussait la bande Gruchet ! Ce Catilina de village !...

Rousselin, *à part*

Catilina de village... Jolie expression ! À noter !

Dodart

Il est capable, monsieur, de... capable de tout ! et d'abord, grâce à la démence du peuple, il deviendra peut-être un de nos tribuns.

Rousselin, *à part*

C'est à craindre !

Dodart

Mais les conservateurs n'ont pas renoncé à la lutte, croyez-le ! D'avance leurs voix appartiennent à l'honnête homme qui offrirait des garanties. (*Mouvement de Rousselin.*) Oh ! on ne lui demande pas de se poser en rétrograde ; seulement quelques concessions... bien simples.

Rousselin
Et c'est ce diable de Murel!...

Dodart
Malheureusement, la chose est faite!

Rousselin, *rêvant*
Oui!

Dodart
Comme notaire et comme citoyen, je gémis sur tout cela! Ah! c'était un beau rêve que cette alliance de la bourgeoisie et de la noblesse cimentée en vos deux familles; et le comte me disait tout à l'heure, – vous n'allez pas me croire?...

Rousselin
Pardon!... je suis plein de confiance.

Dodart
Il me disait, avec ce ton chevaleresque qui le caractérise: « Je n'en veux pas du tout à M. Rousselin... »

Rousselin
Ni moi non plus, mon Dieu!

Dodart
« Et je ne demande pas mieux, s'il n'y trouve point d'inconvénient... »

Rousselin
Mais quel inconvénient?

Dodart
« Je ne demande pas mieux que de m'aboucher

avec lui, dans l'intérêt du canton, et de la moralité publique. »

ROUSSELIN
Comment donc; je le verrai avec plaisir!

DODART
Il est là! (*À la cantonade.*) Psit! Avancez!...

Scène IX

LES MÊMES, LE COMTE DE BOUVIGNY.

BOUVIGNY, *saluant*
Monsieur!

ROUSSELIN, *regardant autour de lui*
Je regarde si quelquefois...

BOUVIGNY
Personne ne m'a vu! soyez sans crainte! Et acceptez mes regrets sur...

ROUSSELIN
Il n'y a pas de mal...

DODART, *en ricanant*
À reconnaître ses fautes, n'est-ce pas?

BOUVIGNY
Que voulez-vous, l'amour peut être exagéré de certains principes...

Rousselin
Moi aussi, monsieur, j'honore les principes !

Bouvigny
Et puis la maladie de mon fils !

Rousselin
Il n'est pas malade ; tantôt, ici même...

Dodart
Oh ! fortement indisposé ! Mais il a l'énergie de cacher sa douleur. Pauvre enfant ! les nerfs ! tellement sensible !

Rousselin, *à part*
Ah ! je devine ton jeu, à toi ; tu vas faire le mien ! (*Haut.*) En effet, après avoir conçu des espérances...

Bouvigny
Oh ! certes !

Rousselin
Il a dû être peiné...

Bouvigny
Désolé, monsieur !

Rousselin
De vous voir abandonner subitement cette candidature.

Dodart, *à part*
Il se moque de nous !

Rousselin
Lorsque vous aviez déjà un nombre de voix.

BOUVIGNY
J'en avais beaucoup!

ROUSSELIN, *souriant*
Pas toutes, cependant!

DODART
Parmi les ouvriers, peut-être, mais dans les campagnes, énormément!

ROUSSELIN
Ah! si on comptait!...

BOUVIGNY
Permettez! D'abord la commune de Bouvigny où je réside, m'appartient, n'est-ce pas? Ainsi que les villages de Saint-Léonard, Valencourt, La Coudrette[1].

ROUSSELIN, *vivement*
Celui-là, non!

BOUVIGNY
Pourquoi?

ROUSSELIN, *embarrassé*
Je croyais!... (*À part.*) Murel m'avait donc trompé?

BOUVIGNY
Je suis également certain de Grumesnil, Ypremesnil, Les Arbois.

DODART, *lisant une liste qu'il tire de son portefeuille*
Chatillon, Colange, Heurtaux, Lenneval, Bahurs,

---

1. Trois toponymes normands, dispersés dans l'espace géographique entre Seine-Inférieure d'alors et Calvados.

Saint-Filleul, Le Grand-Chêne, La Roche-Aubert, Fortinet!

ROUSSELIN, *à part*
C'est effroyable!

DODART
Manicamp, Dehaut, Lampérière, Saint-Nicaise, Vieville, Sirvin, Château-Régnier, La Chapelle, Lebarrois, Mont-Suleau[1].

ROUSSELIN, *à part*
Je ne savais donc pas la géographie de l'arrondissement!

BOUVIGNY
Sans compter que j'ai des amis nombreux dans les communes de...

ROUSSELIN, *accablé*
Oh! je vous crois, monsieur!

BOUVIGNY
Ces braves gens ne savent plus que faire! Ils sont toujours à ma disposition, du reste, – m'obéissant comme un seul homme; et si je leur disais... de voter pour... n'importe qui... pour vous, par exemple...

ROUSSELIN
Mon Dieu! je ne suis pas d'une opposition tellement avancée...

---

1. Après Rabelais, qu'il admire, Flaubert est un adepte du «*name dropping*». Parmi la liste des noms, quelques-uns renvoient au territoire normand: Grumesnil, Saint-Filleul et Saint-Nicaise (paroisse et église rouennaises).

BOUVIGNY
Eh! eh! l'Opposition est quelquefois utile!

ROUSSELIN
Comme instrument de guerre, soit! Mais il ne s'agit pas de détruire, il faut fonder!

DODART
Incontestablement, nous devons fonder!

ROUSSELIN
Aussi ai-je en horreur toutes ces utopies, ces doctrines subversives!... N'a-t-on pas l'idée de rétablir le divorce, je vous demande un peu[1]! Et la presse, il faut le reconnaître, se permet des excès...

DODART
Affreux!

BOUVIGNY
Nos campagnes sont infestées par un tas de livres[2]!

---

[1]. Le droit au divorce, accordé en 1792, puis aboli par la Restauration en 1816, a été revendiqué par les mouvements féministes des Clubs de 1848, en particulier par Jenny d'Héricourt qui fonda la Société pour l'émancipation des femmes. [2]. Procès traditionnel fait aux livres, en particulier aux romans, par les gardiens de l'ordre moral : ils corrompent les femmes, les ouvriers et les habitants des campagnes. Flaubert avait mis un tel discours dans la bouche du marquis de la Vaubyessard : « le colportage de la librairie nous fait aussi bien du mal et les fillettes de paysan, au lieu d'aller aux vêpres, passent maintenant leur dimanche à lire un tas de mauvais petits livres qui les gâtent et sur lesquels le gouvernement devrait avoir les yeux! » (*Madame Bovary*,

Rousselin

Elles n'ont plus personne pour les conduire! Ah! il y avait du bon dans la noblesse; et là-dessus, je partage les idées de quelques publicistes[1] de l'Angleterre.

Bouvigny

Vos paroles me font l'effet d'une brise rafraîchissante; et si nous pouvions espérer...

Rousselin

Enfin, monsieur le comte, (*mystérieusement*) la Démocratie m'effraye! Je ne sais par quel vertige, quel entraînement coupable...

Bouvigny

Vous allez trop loin!...

Rousselin

Non! j'étais coupable; car je suis conservateur, croyez-le, et peut-être quelques nuances seulement...

Dodart

Tous les honnêtes gens sont faits pour s'entendre.

Rousselin, *serrant la main de Bouvigny*

Bien sûr, monsieur le comte, bien sûr.

---

passage non retenu, reproduit dans Flaubert, *Madame Bovary, op. cit.*, p. 518-519). Cette critique sera reprise par le comte de Faverges dans *Bouvard et Pécuchet* (Le Livre de Poche, 1999, p. 212-213).

1. Écrivains ou journalistes qui traitent à l'origine de droit public (d'où leur nom) et, plus largement, de questions politiques.

Scène X

Les mêmes, Murel, Ledru, Onésime, des ouvriers.

MUREL

Dieu merci ! je vous trouve sans vos électeurs, mon cher Rousselin !

BOUVIGNY, *à part*

Je les croyais fâchés !

MUREL

En voici d'autres ! Je leur ai démontré que les idées de Gruchet ne répondent plus aux besoins de notre époque ; et, d'après ce que vous m'avez dit ce matin, vous serez de ceux-ci mieux compris ; ce sont non seulement des républicains, mais des socialistes !

BOUVIGNY, *faisant un bond*

Comment, des socialistes !

ROUSSELIN

Il m'amène des socialistes !

DODART

Des socialistes ! Il ne faut pas que ma personnalité !... (*Il s'esquive.*)

ROUSSELIN, *balbutiant*

Mais...

LEDRU

Oui, citoyen ! Nous le sommes !

ROUSSELIN
Je n'y vois pas de mal!

BOUVIGNY
Et tout à l'heure, vous déclamiez contre ces infamies!

ROUSSELIN
Permettez! il y a plusieurs manières d'envisager...

ONÉSIME, *surgissant*
Sans doute, plusieurs manières...

BOUVIGNY, *scandalisé*
Jusqu'à mon fils!

MUREL
Que venez-vous faire ici, vous?

ONÉSIME
J'ai entendu dire que l'on se portait chez M. Rousselin, et je voudrais lui affirmer que je partage, à peu près... son système.

MUREL, *à demi-voix*
Petit intrigant!

BOUVIGNY
Je ne m'attendais pas, mon fils, à vous voir, devant l'auteur de vos jours, renier la foi de vos aïeux!

ROUSSELIN
Très bien!

LEDRU
Pourquoi très bien? Parce que monsieur est M. le

comte, (*à Murel, désignant Rousselin*) et à vous croire, il demandait l'abolition de tous les titres[1]!...

ROUSSELIN

Certainement!

BOUVIGNY

Comment? il demandait...

LEDRU

Mais oui!

BOUVIGNY

Ah! c'est assez!

ROUSSELIN, *voulant le retenir*

Je ne peux pas rompre en visière brusquement. Beaucoup ne sont qu'égarés. Ménageons-les!

BOUVIGNY, *très haut*

Pas de ménagements, monsieur! On ne pactise point avec le désordre; et je vous déclare net que je ne suis plus pour vous! – Onésime! (*Il sort; son fils le suit.*)

LEDRU

Il était pour vous? Nous savons à quoi nous en tenir! Serviteur!

---

1. L'une des premières mesures de la jeune République de 1848 a été d'abolir les titres de noblesse, le 29 février. Cette abolition a été inscrite dans la Constitution votée le 4 novembre 1848: «Sont abolis à toujours tout titre nobiliaire, toute distinction de naissance, de classe ou de caste» (article 10). Le Second Empire a abrogé ce décret le 24 janvier 1852, rétablissant ainsi les anciens titres de noblesse.

ROUSSELIN
Pour soutenir mes convictions, je vous sacrifie un vieil ami de trente ans !

LEDRU
On n'a pas besoin de sacrifices ! Mais vous dites tantôt blanc, tantôt noir ; et vous m'avez l'air d'un véritable... blagueur ! Allons, nous autres, retournons chez Gruchet ! Venez-vous, Murel ?

MUREL
Dans une minute, je vous rejoins !

Scène XI

ROUSSELIN, MUREL

MUREL
Il faut convenir, mon cher, que vous me mettez dans une position embarrassante !

ROUSSELIN
Si vous croyez que je n'y suis pas !

MUREL
Saperlotte, il faudrait cependant vous résoudre ! Soyez d'un côté, soyez de l'autre ! Mais décidez-vous ! finissons-en !

ROUSSELIN

Pourquoi toujours ce besoin d'être emporte-pièce[1], exagéré ? Est-ce qu'il n'y a pas dans tous les partis quelque chose de bon à prendre ?

MUREL

Sans doute, leurs voix !

ROUSSELIN

Vous avez un esprit, ma parole d'honneur ! une délicatesse !… ah ! je ne m'étonne pas qu'on vous aime !

MUREL

Moi ? et qui donc ?

ROUSSELIN

Innocent ! une demoiselle, du nom de Louise.

MUREL

Quel bonheur ! merci ! merci ! Maintenant, je vais m'occuper de vous, gaillardement ! J'affirmerai qu'on ne vous a pas compris. Une dispute de mots, une erreur. Quant à *L'Impartial*…

ROUSSELIN

Là, vous êtes le maître !

MUREL

Pas tout à fait ! Nous dépendons de Paris, qui donne le mot d'ordre. Vous deviez même être éreinté !

---

1. Jugement catégorique, tranché, par comparaison avec la matrice de métal qui permet de découper d'un coup une pièce de forme déterminée, dans différents matériaux. Rousselin use d'images à la fois rurales et industrielles…

ROUSSELIN
Décommandez l'éreintement!

MUREL
Sans doute. Mais comment, tout de suite, prêcher à Julien le contraire de ce qu'on lui a dit?

ROUSSELIN
Que faire?

MUREL
Attendez donc! Il y a chez vous quelqu'un dont peut-être l'influence...

ROUSSELIN
Qui cela?

MUREL
Miss Arabelle! D'après certaines paroles qu'elle m'a dites, j'ai tout lieu de croire que ce jeune poète l'intéresse...

ROUSSELIN, *riant*
La pièce de vers serait-elle pour l'Anglaise?

MUREL
Je ne connais pas les vers, mais je crois qu'ils s'aiment.

ROUSSELIN
J'en étais sûr! Jamais de la vie je ne me trompe! Du moment que ma fille n'est pas en jeu, je ne risque rien; et je me moque pas mal après tout si... Il faut que j'en parle à ma femme. Elle doit être là, précisément.

MUREL
Moi, pendant ce temps-là, je vais essayer de rame-

ner ceux que votre tiédeur philosophique a un peu refroidis.

ROUSSELIN
N'allez pas trop loin, cependant, de peur que Bouvigny, de son côté...

MUREL
Ah! il faut bien que je rebadigeonne votre patriotisme! (*Il sort.*)

ROUSSELIN, *seul*
Tâchons d'être fin, habile, profond!

Scène XII

ROUSSELIN, MADAME ROUSSELIN, MISS ARABELLE.

ROUSSELIN, *à Arabelle*
Ma chère enfant, – car mon affection toute paternelle me permet de vous appeler ainsi, – j'attends de vous un grand service; il s'agirait d'une démarche près de M. Julien!

ARABELLE, *vivement*
Je peux la faire!

MADAME ROUSSELIN, *avec hauteur*
Ah! comment cela?

ARABELLE
Il fume son cigare tous les soirs sur cette promenade. Rien de plus facile que de l'aborder.

MADAME ROUSSELIN
Vu les convenances, ce serait plutôt à moi.

ROUSSELIN
En effet; c'est plutôt à une femme mariée.

ARABELLE
Mais je veux bien!

MADAME ROUSSELIN
Je vous le défends, mademoiselle!

ARABELLE
J'obéis, madame! (*À part, en remontant.*) Qu'a-t-elle donc à vouloir m'empêcher?... Attendons! (*Elle disparaît.*)

MADAME ROUSSELIN
Tu as parfois, mon ami, des idées singulières; charger l'institutrice d'une chose pareille! car c'est pour ta candidature, j'imagine?

ROUSSELIN
Sans doute! Et moi, je trouvais que miss Arabelle, précisément à cause de son petit amour, dont je ne doute plus, pouvait fort bien...

MADAME ROUSSELIN
Ah! tu ne la connais pas. C'est une personne à la fois violente et dissimulée, cachant sous des airs romanesques une âme qui l'est fort peu; et je sens qu'il faut se méfier d'elle...

ROUSSELIN
Tu as peut-être raison? Voici Julien! Tu comprends, n'est-ce pas, tout ce qu'il faut lui dire?

MADAME ROUSSELIN
Oh! je saurai m'y prendre!

ROUSSELIN
Je me fie à toi! (*Rousselin s'éloigne, après avoir salué Julien. La nuit est venue.*)

Scène XIII

MADAME ROUSSELIN, JULIEN.

JULIEN, *apercevant Mme Rousselin*
Elle! (*Il jette son cigare.*) Seule! Comment faire? (*Saluant.*) Madame!

MADAME ROUSSELIN
Monsieur Duprat, je crois?

JULIEN
Hélas, oui, madame.

MADAME ROUSSELIN
Pourquoi, hélas?

JULIEN
J'ai le malheur d'écrire dans un journal qui doit vous déplaire.

MADAME ROUSSELIN
Par sa couleur politique, seulement!

JULIEN
Si vous saviez combien je méprise les intérêts qui m'occupent!

Madame Rousselin

Mais les intelligences d'élite peuvent s'appliquer à tout sans déchoir. Votre dédain, il est vrai, n'a rien de surprenant. Quand on écrit des vers aussi... remarquables...

Julien

Ce n'est pas bien ce que vous faites là, madame! Pourquoi railler?

Madame Rousselin

Nullement! Malgré mon insuffisance, peut-être, je vous crois un avenir...

Julien

Il est fermé par le milieu où je me débats. L'art pousse mal sur le terroir de la province. Le poète qui s'y trouve et que la misère oblige à certains travaux est comme un homme qui voudrait courir dans un bourbier. Un ignoble poids toujours collé à ses talons, le retient; plus il s'agite, plus il enfonce. Et cependant, quelque chose d'indomptable proteste et rugit au-dedans de vous! Pour se consoler de ce que l'on fait, on rêve orgueilleusement à ce que l'on fera; puis les mois s'écoulent, la médiocrité ambiante vous pénètre, et on arrive doucement à la résignation, cette forme tranquille du désespoir.

Madame Rousselin
Je comprends; et je vous plains!

Julien
Ah! madame, que votre pitié est douce! bien qu'elle augmente ma tristesse!

MADAME ROUSSELIN
Courage! le succès, plus tard, viendra.

JULIEN
Dans mon isolement, est-ce possible?

MADAME ROUSSELIN
Au lieu de fuir le monde, allez vers lui! Son langage n'est pas le vôtre, apprenez-le! Soumettez-vous à ses exigences. La réputation et le pouvoir se gagnent par le contact; et, puisque la société est naturellement à l'état de guerre, rangez-vous dans le bataillon des forts, du côté des riches, des heureux[1]! Quant à vos pensées intimes, n'en dites jamais rien, par dignité et par prudence. Dans quelque temps, lorsque vous habiterez Paris, comme nous...

JULIEN
Mais je n'ai pas le moyen d'y vivre, madame!

MADAME ROUSSELIN
Qui sait? avec la souplesse de votre talent, rien n'est difficile; et vous l'utiliserez pour des personnes qui en marqueront leur gratitude! Mais il est tard; au plaisir de vous revoir, monsieur! (*Elle remonte.*)

JULIEN
Oh! restez! au nom du ciel, je vous en conjure! Voilà si longtemps que je l'espère, cette occasion. Je cherchais des ruses, inutilement, pour arriver jusqu'à

---

1. Leçon d'arrivisme social qui pourrait être inspirée par une femme balzacienne, par exemple Mme de Beauséant initiant Eugène de Rastignac dans *Le Père Goriot* (Le Livre de Poche, 1995, p. 135).

vous ! D'ailleurs, je n'ai pas bien compris vos dernières paroles. Vous attendez quelque chose de moi, il me semble ? Est-ce un ordre ? Dites-le ! j'obéirai.

MADAME ROUSSELIN
Quel dévouement !

JULIEN
Mais vous occupez ma vie ! Quand, pour respirer plus à l'aise, je monte sur la colline, malgré moi, tout de suite, mes yeux découvrent parmi les autres votre chère maison, blanche dans la verdure de son jardin ; et le spectacle d'un palais ne me donnerait pas autant de convoitise ! Quelquefois vous apparaissez dans la rue, c'est un éblouissement, je m'arrête ; et puis je cours après votre voile, qui flotte derrière vous comme un petit nuage bleu ! Bien souvent je suis venu devant cette grille, pour vous apercevoir et entendre passer au bord des violettes le murmure de votre robe. Si votre voix s'élevait, le moindre mot, la phrase la plus ordinaire, me semblait d'une valeur inintelligible pour les autres ; et j'emportais cela, joyeusement, comme une acquisition ! – Ne me chassez pas ! Pardonnez-moi ! J'ai eu l'audace de vous envoyer des vers. Ils sont perdus, comme les fleurs que je cueille dans la campagne, sans pouvoir vous les offrir, comme les paroles que je vous adresse la nuit et que vous n'entendez pas, car vous êtes mon inspiration, ma muse, le portrait de mon idéal, mes délices, mon tourment !

MADAME ROUSSELIN
Calmez-vous, monsieur ! Cette exagération...

JULIEN

Ah! c'est que je suis de 1830, moi! J'ai appris à lire dans *Hernani*, et j'aurais voulu être Lara[1]! J'exècre toutes les lâchetés contemporaines, l'ordinaire de l'existence, et l'ignominie des bonheurs faciles! L'amour qui a fait vibrer la grande lyre des maîtres gonfle mon cœur. Je ne vous sépare pas, dans ma pensée, de tout ce qu'il y a de plus beau; et le reste du monde, au loin, me paraît une dépendance de votre personne[2]. Ces arbres sont faits pour se balancer sur votre tête, la nuit pour vous recouvrir, les étoiles qui rayonnent doucement comme vos yeux, pour vous regarder!

---

1. Les spectateurs de 1874 ont trouvé ridicule cette profession de foi romantique. Dans la lettre à George Sand qui suit la première représentation, Flaubert cite cette phrase de la pièce, et commente ainsi la réaction du public: «On a pris en blague des choses poétiques. Un *poète* dit: […]. Là-dessus, une salve de rires ironiques! etc.» (lettre du 12 mars 1874). Flaubert mesure ainsi ce qui le sépare de la nouvelle génération: lui est resté fidèle à l'esprit fougueux du premier romantisme, représenté par le poème *Lara* de Byron (1814) et par la pièce de Hugo *Hernani* (1830), qui donna lieu à une «bataille» vécue comme l'acte fondateur de la littérature nouvelle. En remerciant Sainte-Beuve pour son article sur *Madame Bovary*, Flaubert se démarquait de la génération des écrivains réalistes: «Je tiens à être de la vôtre, j'entends de la bonne, celle de 1830. Tous mes amours sont là. Je suis un vieux romantique enragé, ou encroûté, comme vous voudrez» (lettre du 5 mai 1857). Dans l'éloge de Louis Bouilhet publié en préface à ses *Dernières chansons*, Flaubert affirmait également l'appartenance de son ami poète à la génération d'*Hernani* (Paris, Charpentier, 1874, p. 24 et 32). 2. Une formule presque identique se trouve dans *L'Éducation sentimentale*: «Chaque

Madame Rousselin
La littérature vous emporte, monsieur ! Quelle confiance une femme peut-elle accorder à un homme qui ne sait pas retenir ses métaphores, ou sa passion ? Je crois la vôtre sincère, pourtant. Mais vous êtes jeune, et vous ignorez trop ce qui est l'indispensable. D'autres, à ma place, auraient pris pour une injure la vivacité de vos sentiments. Il faudrait au moins promettre…

Julien
Voilà que vous tremblez aussi. Je le savais bien ! On ne repousse pas un tel amour !

Madame Rousselin
Ma hardiesse à vous écouter m'étonne moi-même. Les gens d'ici sont méchants, monsieur. La moindre étourderie peut nous perdre !… Le scandale…

Julien
Ne craignez rien ! Ma bouche se taira, mes yeux se détourneront, j'aurai l'air indifférent ; et si je me présente chez vous…

Madame Rousselin
Mais mon mari… monsieur.

Julien
Ne me parlez pas de cet homme !

Madame Rousselin
Je dois le défendre.

---

mot qui sortait de sa bouche semblait à Frédéric être une chose nouvelle, une dépendance exclusive de sa personne » (*op. cit.*, p. 106).

JULIEN.
C'est ce que j'ai fait, – par amour pour vous!

MADAME ROUSSELIN
Il l'apprendra; et vous n'aurez pas à vous repentir de votre générosité.

JULIEN
Laissez-moi me mettre à vos genoux, afin que je vous contemple de plus près. J'exécuterai, madame, tout ce qu'il vous plaira! et valeureusement, n'en doutez pas; me voilà devenu fort! Je voudrais épandre sur vos jours, avec les ivresses de la terre, tous les enchantements de l'Art, toutes les bénédictions du Ciel...

MISS ARABELLE, *cachée derrière un arbre*
J'en étais sûre!

MADAME ROUSSELIN
J'attends de vous une preuve immédiate de complaisance, d'affection...

JULIEN
Oui, oui!

Scène XIV

LES MÊMES, MISS ARABELLE, *puis* MUREL *et* GRUCHET, *à la fin* ROUSSELIN.

MADAME ROUSSELIN, *remontant*
On vient! il faut que je rentre.

JULIEN

Pas encore !

GRUCHET, *au fond, poursuivant Murel*

Alors, rendez-moi mon argent !

MUREL, *continuant à marcher*

Vous m'ennuyez !

GRUCHET

Polisson !

MUREL, *lui donnant un soufflet*

Voleur !

ROUSSELIN, *en entrant, qui a entendu le bruit du soufflet*

Qu'est-ce donc ?

JULIEN, *à Mme Rousselin*

Oh ! cela ; seulement ! (*Il lui applique, sur la main, un baiser sonore.*)

MISS ARABELLE, *reconnaît Julien*

Ah !

ROUSSELIN

Que se passe-t-il ? (*Apercevant miss Arabelle qui s'enfuit.*) Arabelle ! Demain je la flanque à la porte !

FIN DU DEUXIÈME ACTE

ACTE TROISIÈME

Au Salon de Flore. *L'intérieur d'un bastringue. En face, et occupant tout le fond, une estrade pour l'orchestre. Il y a dans le coin de gauche une contrebasse. Attachés au mur, des instruments de musique; au milieu du mur, un trophée de drapeaux tricolores*[1]. *Sur l'estrade une table avec une chaise; deux autres tables des deux côtés. Une petite estrade plus basse est au milieu, devant l'autre. Toute la scène est remplie de chaises. À une certaine hauteur un balcon, où l'on peut circuler.*

---

1. Le drapeau tricolore a été imposé par Lamartine, le 25 février 1848, contre le drapeau rouge réclamé par la foule assemblée sur la place de l'Hôtel-de-Ville, à Paris. La proclamation sur le «drapeau tricolore [qui] a fait le tour du monde», devenue un lieu commun, a contribué à placer Lamartine au rang des «Enthousiasmes populaires», répertoriés par Flaubert dans son «Catalogue des idées chic» (voir *Le Dictionnaire des idées reçues*, Le Livre de Poche, 1997, p. 143). La phrase de Lamartine est mentionnée, avec une distance ironique, dans *L'Éducation sentimentale* (*op. cit.*, p. 437).

Scène première

ROUSSELIN, *seul, à l'avant-scène,*
puis UN GARÇON DE CAFÉ.

Si je comparais l'Anarchie à un serpent, pour ne pas dire hydre[1]? Et le Pouvoir... à un vampire? Non, c'est prétentieux! Il faudrait cependant intercaler quelque phrase à effet, de ces traits qui enlèvent... comme: «fermer l'ère des révolutions, camarilla, droits imprescriptibles, virtuellement[2]»; et beau-

---

1. «Hydre de l'anarchie: Tâcher de la vaincre»; «L'hydre de l'anarchie. *Id.* du Socialisme. Et ainsi de suite pour tous les systèmes qui font peur» (versions multiples dans *Le Dictionnaire des idées reçues, op. cit.*, p. 91 et note 1). L'hydre fait partie de ces clichés du discours politique français dont Flaubert s'amuse pendant son voyage en Orient: «Que dit-on en France? qu'y fait-on? et qu'y pense-t-on? que deviennent l'*horizon*, le *timon*, l'*hydre*, le *volcan* et les *bases*?» (lettre à Frédéric Baudry, 21 juillet 1850). 2. Flaubert accumule quelques clichés, ce qu'il appelle ailleurs des «scies»: *fermer (ou clore) l'ère des révolutions* est la formule des conservateurs (raillée par Flaubert: «Il faut espérer que notre grand historien national [Thiers] va clore, pour un moment, l'ère des révolutions!», lettre à la baronne Lepic, 24 septembre 1872). – *Camarilla*, diminutif de *camara*, «chambre» en espagnol: «coterie de personnes qui approchent du prince le plus près» (*Littré*), et par extension groupe exerçant sur le pouvoir une influence occulte, par exemple l'entourage de Guizot dans *L'Éducation sentimentale*: «Le Citoyen [Regimbart] se tournait, maintenant, vers les questions budgétaires, et accusait la Camarilla de perdre des millions en Algérie», *op. cit.*, p. 159-160); le nom seul déclenche un automatisme de rejet, et il figure (sous rature) dans l'une des versions du *Dictionnaire des idées reçues*: «S'indigner en prononçant ce mot»

coup de mots en *isme*: «parlementarisme, obscurantisme!...»

Calmons-nous! un peu d'ordre. Les électeurs vont venir, tout est prêt; on a constitué le bureau, hier au soir. Le voilà, le bureau! Ici, la place du président (*il montre la table, au milieu*), des deux côtés, les deux secrétaires[1], et moi, au milieu, en face du public!... Mais sur quoi m'appuierai-je? Il me faudrait une tribune! Oh! je l'aurai, la tribune! En attendant... (*Il va prendre une chaise et la pose devant lui, sur la petite estrade.*) Bien! et je placerai le verre d'eau, – car je commence à avoir une soif abominable, – je placerai le verre d'eau, là! (*Il prend le verre d'eau qui se trouve sur la table du président, et le met sur sa chaise.*) Aurai-je assez de sucre? (*Regardant le bocal qui en est plein.*) Oui!

Tout le monde est assis. Le président ouvre la séance; et quelqu'un prend la parole. Il m'interpelle

---

(*op. cit.*, p. 56). – *Droits imprescriptibles*: expression juridique figée, obligatoire dans les professions de foi ou les déclarations de droits. Flaubert en consigne plusieurs exemples dans les Dossiers de *Bouvard et Pécuchet* (MS g 226-1 f° 88 2°, 2 f° 149 r°, 7 f° 217 v° et 245 r°; en ligne à l'adresse http://www.dossiers-flaubert.fr, site dirigé par Stéphanie Dord-Crouslé). – *Virtuellement*: Flaubert peut épingler ici un mot du vocabulaire philosophique, démonétisé par son emploi dans le discours politique.

1. Dispositif scénique qui reproduit celui du Club de l'Intelligence, auquel cette scène renvoie: «Sur une estrade, au fond, il y avait un bureau avec une sonnette, en dessous une table figurant la tribune, et de chaque côté deux autres plus basses, pour les secrétaires» (*L'Éducation sentimentale, op. cit.*, p. 449).

pour me demander... par exemple... Mais d'abord qui m'interpelle? Où est l'individu? À ma droite, je suppose! Alors, je tourne la tête, brusquement!... Il doit être moins loin? (*Il va déranger une chaise, puis remonte.*) Je conserve mon air tranquille, et tout en enfonçant la main dans mon gilet... Si j'avais pris mon habit? C'est plus commode pour le bras! Une redingote vaut mieux, à cause de la simplicité. Cependant, le peuple, on a beau dire, aime la tenue, le luxe. Voyons ma cravate? (*Il se regarde dans une petite glace à main, qu'il retire de sa poche.*) Le col un peu plus bas. Pas trop cependant; on ressemble à un chanteur de romances. Oh! ça ira – avec un mot de Murel, de temps à autre, pour me soutenir! C'est égal! Voilà une peur qui m'empoigne... et j'éprouve à l'épigastre... (*Il boit.*) Ce n'est rien! Tous les grands orateurs ont cela à leurs débuts! Allons, pas de faiblesses, ventrebleu! un homme en vaut un autre, et j'en vaux plusieurs[1]! Il me monte à la tête... comme des bouillons! et je me sens, ma parole, un toupet infernal!

« Et c'est à moi que ceci s'adresse, monsieur! » Celui-là est en face; marquons-le! (*Il dérange une chaise et la pose au milieu.*) « À moi que ceci s'adresse, à moi! » Avec les deux mains sur la poitrine, en me baissant un peu. « À moi, qui, pendant quarante ans... à moi, dont le patriotisme... à moi que... à moi pour lequel... », puis tout à coup : « Ah! vous ne le croyez pas vous-même, monsieur! » Et on reste sans

---

1. Flaubert n'est pas exempt de cette prétention, quand il écrit dans une lettre hostile à l'égalitarisme du suffrage universel : « Je vaux bien *20* électeurs de Croisset! » (lettre à George Sand, 12 octobre 1871 ; c'est Flaubert qui souligne).

bouger! Il réplique. «Vos preuves alors! donnez vos preuves! Ah! prenez garde! On ne se joue pas de la crédulité publique!» Il ne trouve rien. «Vous vous taisez! ce silence vous condamne! J'en prends acte!» Un peu d'ironie, maintenant! On lui lance quelque chose de caustique, avec un rire de supériorité. «Ah! ah!» Essayons le rire de supériorité. «Ah! ah! ah! je m'avoue vaincu, effectivement! Parfait!» Mais deux autres qui sont là, – je les reconnaîtrai, – s'écrient que je m'insurge contre nos institutions, ou n'importe quoi. Alors d'un ton furieux: «Mais vous niez le progrès!» Développement du mot «progrès[1]»: «Depuis l'astronome avec son télescope qui, pour le hardi nautonier... jusqu'au modeste villageois baignant de ses sueurs... le prolétaire de nos villes... l'artiste dont l'inspiration...» Et je continue jusqu'à une phrase, où je trouve le moyen d'introduire le mot «bourgeoisie». Tout de suite: éloge de la bourgeoisie, le Tiers État, les cahiers, 89, notre commerce, richesse nationale, développement du bien-être par l'ascension progressive des classes moyennes. Mais un ouvrier: «Eh bien! et le peuple, qu'en faites-vous?» Je pars: «Ah! le peuple, il est grand»; et je le flagorne, je lui en fourre par-dessus les oreilles! J'exalte Jean-Jacques Rousseau qui avait été domestique, Jacquard tisserand, Marceau

---

1. «Progrès: Toujours mal entendu et trop hâtif» (*Le Dictionnaire des idées reçues*, *op. cit.*, p. 115). Flaubert enregistre ici la plainte des positivistes qui veulent toujours plus de progrès. Dans le discours progressiste, Flaubert entend la fausse idéologie qui tente de masquer le fond intemporel de barbarie, de violence et de bêtise humaines.

tailleur[1]; tous les tisserands, tous les domestiques et tous les tailleurs sont flattés. Et, après que j'ai tonné contre la corruption des riches: «Que lui reproche-t-on, au peuple? c'est d'être pauvre!» Tableau enragé de sa misère; bravos! «Ah! pour qui connaît ses vertus, combien est douce la mission de celui qui peut devenir son mandataire! Et ce sera toujours avec un noble orgueil que je sentirai dans ma main la main calleuse de l'ouvrier! parce que son étreinte, pour être un peu rude, n'en est que plus sympathique! parce que toutes les différences de rang, de titre et de fortune sont, Dieu merci! surannées, et que rien n'est comparable à l'affection d'un homme de cœur!...» Et je me tape sur le cœur! bravo! bravo! bravo!

Un garçon de café
Monsieur Rousselin, ils arrivent!

Rousselin
Retirons-nous, que je n'aie pas l'air... Aurai-je le temps d'aller chercher mon habit?... Oui! – en courant! (*Il sort.*)

---

1. Exemples, pour les leçons de morale à l'école primaire, d'hommes issus de rien et qui ont réussi: le philosophe Rousseau sorti de sa condition de laquais; Joseph Marie Jacquard (1752-1834), inventeur du métier à tisser. «Marceau, tailleur» reste mystérieux: la recherche ne fait apparaître qu'un Marceau, tailleur, mais de cristaux, récompensé par un brevet d'invention le 17 octobre 1846... Est-ce un exemple inventé par Flaubert?

Scène II

Tous les électeurs, Voinchet, Marchais, Hombourg, Heurtelot, Onésime, le garde champêtre, Beaumesnil, Ledru, le président, *puis* Rousselin, *puis* Murel.

Voinchet
Ah! nous sommes nombreux. Ce sera drôle, à ce qu'il paraît.

Ledru
Pour une réunion politique, on aurait dû choisir un endroit plus convenable que le *Salon de Flore*.

Beaumesnil
Puisqu'il n'y en a pas d'autres dans la localité! Qui est-ce que vous nommerez, monsieur Marchais?

Marchais
Mon Dieu, Rousselin! C'est encore lui, après tout...

Ledru
Moi, j'ai résolu de faire un vacarme...

Voinchet
Tiens! le fils de Bouvigny.

Beaumesnil
Le père est plus finaud, il ne vient pas.

Le président
En séance!

LE GARDE CHAMPÊTRE

En séance !

LE PRÉSIDENT

Messieurs ! nous avons à discuter les mérites de nos deux candidats pour les élections de dimanche. Aujourd'hui, vous vous occuperez de l'honorable M. Rousselin, et demain soir, de l'honorable M. Gruchet. La séance est ouverte. (*Rousselin, en habit noir, sort d'une petite porte derrière le président, fait des salutations, et reste debout au milieu de l'estrade.*)

VOINCHET

Je demande que le candidat nous parle des chemins de fer.

ROUSSELIN, *après avoir toussé, et pris un verre d'eau*

Si on avait dit du temps de Charlemagne, ou même de Louis XIV, qu'un jour viendrait, où, en trois heures, il serait possible d'aller[1]...

VOINCHET

Ce n'est pas ça ! Êtes-vous d'avis qu'on donne une allocation au chemin de fer qui doit passer par Saint-Mathieu, ou bien à un autre qui couperait Bonneval – idée cent fois meilleure ?

UN ÉLECTEUR

Saint-Mathieu est plus à l'avantage des habitants ! Déclarez-vous pour celui-là, monsieur Rousselin !

---

[1]. Trois heures, c'est la durée du trajet entre Rouen et Paris à cette époque, par les trains express du chemin de fer inauguré en 1843.

Rousselin
Comment ne serais-je pas pour le développement de ces gigantesques entreprises qui remuent des capitaux, prouvent le génie de l'homme, apportent le bien-être au sein des populations!...

Hombourg
Pas vrai, elles les ruinent!

Rousselin
Vous niez donc le progrès? monsieur! le progrès, qui depuis l'astronome...

Hombourg
Mais les voyageurs?...

Rousselin
Avec son télescope...

Hombourg
Ah! si vous m'empêchez!...

Le président
La parole est à l'interpellant.

Hombourg
Les voyageurs ne s'arrêteront plus dans nos pays.

Voinchet
C'est parce qu'il tient une auberge!

Hombourg
Elle est bonne, mon auberge!

Tous
Assez! assez!

LE PRÉSIDENT
Pas de violence, messieurs !

LE GARDE CHAMPÊTRE
Silence !

HOMBOURG
Voilà comme vous défendez nos intérêts !

ROUSSELIN
J'affirme !...

HOMBOURG
Mais vous perdez le roulage !

UN ÉLECTEUR
Il soutiendra le libre-échange[1] !

---

1. Le débat qui suit oppose les partisans du libre-échange, favorables à la circulation des marchandises, et les adeptes du protectionnisme douanier. Flaubert est un lecteur et admirateur de Frédéric Bastiat (1801-1850), homme politique et économiste libéral : « La question du libre-échange m'intéresse extrêmement. Vous savez que je suis un des premiers lecteurs (en ordre chronologique) du grand Bastiat et toute objection aux vérités qu'il a si bien mises en lumière me révolte jusque dans les moelles » (lettre à Raoul-Duval, 10 juillet 1879). L'utopie d'une « fraternité entre les peuples » qui résultera de la libre circulation des marchandises vient de Bastiat : Dieu n'a réparti inégalement les biens « entre les hommes que pour les unir, par l'échange, dans les liens d'une universelle fraternité » (*Le Libre-Échange*, discours de 1846, dans *Œuvres complètes*, Paris, Guillaumin, 2ᵉ éd., 1862-1864, t. II, p. 2). La mention des « laines anglaises » par un électeur renvoie au contexte économique rouennais : les manufacturiers du textile étaient en concurrence directe avec les matières premières et

ROUSSELIN
Sans doute! Par la transmission des marchandises, un jour la fraternité des peuples...

UN ÉLECTEUR
Il faut admettre les laines anglaises! Proclamez l'affranchissement de la bonneterie!

ROUSSELIN
Et tous les affranchissements!

LES ÉLECTEURS
(*Côté droit:*) Oui! oui! (*Côté gauche:*) Non! non! à bas!

ROUSSELIN
Plût au ciel que nous puissions recevoir en abondance les céréales, les bestiaux!

UN AGRICULTEUR *en blouse*
Eh bien, vous êtes gentil pour l'agriculture!...

ROUSSELIN
Tout à l'heure je répondrai sur le chapitre de l'agriculture! (*Il se verse un verre d'eau. – Silence.*)

HEURTELOT, *apparaissant en haut, au balcon*
Qu'est-ce que vous pensez des hannetons[1]?

---

les produits d'outre-Manche, surtout après le traité de libre-échange entre la France et l'Angleterre, signé le 23 janvier 1860.

1. Question aussi incongrue, lors d'une réunion politique, que l'allusion à la «tête de veau» pendant celle du Club de l'Intelligence (*L'Éducation sentimentale, op. cit.,* p. 454, 582 et 623-624).

Tous, *riant*

Ah! ah! ah!

Le président

Un peu de gravité, messieurs!

Le garde champêtre

Pas de désordre! Au nom de la Loi, assis!

Marchais

Monsieur Rousselin, nous voudrions savoir votre idée sur les impôts.

Rousselin

Les impôts, mon Dieu... certainement, sont pénibles... mais indispensables... C'est une pompe, – si je puis m'exprimer ainsi, – qui aspire du sein de la terre un élément fertilisateur pour le répandre sur le sol[1]. Reste à savoir si les moyens répondent au but... et si, en exagérant... on n'arriverait pas quelquefois à tarir...

Le président *se penchant vers lui*

Charmante comparaison!

Voinchet

La propriété foncière est surchargée!

---

1. Cette image se trouve par exemple chez Frédéric Bastiat: «Vous devriez vous demander si ce n'est pas précisément l'impôt qui pompe l'humanité du sol et le dessèche» (*Ce qu'on voit et ce qu'on ne voit pas, ou l'Économie politique en une leçon*, Paris, Guillaumin, [1850], 5e éd., 1870, p. 11-12). On la retrouvera chez Alfred Jarry, avec la démesure que l'on sait, sous la forme de la «pompe à phynance» du père Ubu, dans *Ubu Roi* (1895).

Heurtelot
On paye plus de trente sous de droits pour un litre de cognac !

Ledru
La flotte nous dévore[1] !

Beaumesnil
Est-ce qu'on a besoin d'un Jardin des Plantes[2] ?

Rousselin
Sans doute ! sans doute ! sans doute ! Il faudrait apporter d'immenses, d'immenses économies !

Tous
Très bien !

Rousselin
D'autre part, le Gouvernement lésine, tandis qu'il devrait...

Beaumesnil
Élever les enfants pour rien !

Marchais
Protéger le commerce !

L'agriculteur
Encourager l'agriculture !

---

1. La marine de guerre, qui doit se moderniser pour profiter des dernières inventions techniques (la vapeur et la propulsion par hélices), pèse lourd dans le budget de l'État, d'autant que la colonisation entraîne avec elle l'accroissement du nombre de vaisseaux.   2. Le «Jardin des Plantes de Paris», ainsi nommé à la Révolution, avant de devenir le Muséum national d'histoire naturelle le 10 juin 1793.

ROUSSELIN
Bien sûr!

BEAUMESNIL
Fournir l'eau et la lumière gratuitement dans chaque maison!

ROUSSELIN
Peut-être, oui!

HOMBOURG
Vous oubliez le roulage dans tout ça!

ROUSSELIN
Oh! non, non pas! Et permettez-moi de résumer en un seul corps de doctrine, de prendre en faisceau...

LEDRU
On connaît votre manière d'enguirlander[1] le monde! Mais si vous aviez devant vous Gruchet...

ROUSSELIN
C'est à moi que vous comparez Gruchet! à moi!... qu'on a vu pendant quarante ans... à moi dont le patriotisme... – Ah! vous ne le croyez pas vous-même, monsieur!

LEDRU
Oui, je le compare à vous!

ROUSSELIN
Ce Catilina de village!

---

1. Au sens imagé de tromper en flattant.

HEURTELOT, *au balcon*
Qu'est-ce que c'est, Catilina?

ROUSSELIN
C'était un célèbre conspirateur qui, à Rome[1]...

LEDRU
Mais Gruchet ne conspire pas!

HEURTELOT
Êtes-vous de la police?

TOUS, *à droite*
Il en est! il en est!

TOUS, *à gauche*
Non, il n'en est pas! (*Vacarme.*)

Ensemble, confusément.

ROUSSELIN
Citoyens! de grâce! Citoyens! Je vous en prie! de grâce! écoutez-moi!

MARCHAIS
Nous écoutons! (*Rousselin cherche à dire quelque chose, et reste muet. Rires de la foule.*)

TOUS, *riant*
Ah! ah! ah!

LE GARDE CHAMPÊTRE
Silence!

---

[1]. Catilina (108-62 av. J.-C.) ourdit deux conjurations pour renverser le Sénat de la République romaine.

Heurtelot
Il faut qu'il s'explique sur le droit au travail[1].

Tous
Oui! oui! le droit au travail!

Rousselin
On a écrit là-dessus des masses de livres. (*Murmures.*) Ah! vous m'accorderez qu'on a écrit, à ce propos, énormément de livres. Les avez-vous lus?

Heurtelot
Non!

Rousselin
Je les sais par cœur! Et si comme moi, vous aviez passé vos nuits dans le silence du cabinet[2], à...

Heurtelot
Assez causé de vous! Le droit au travail!

---

1. La proclamation du «droit au travail» est intervenue en même temps que celle de la République, le 25 février 1848, par le gouvernement provisoire issu de la Révolution. La création des Ateliers nationaux, à Paris, répondait à ce droit, pour donner du travail aux chômeurs. Flaubert considère le droit au travail comme l'une des «bêtises de 48» (lettre à la princesse Mathilde, 29 juillet 1878); il l'illustre concrètement dans une séquence de *Bouvard et Pécuchet*: le fermier Gouy, l'esprit dérangé par les discours révolutionnaires de Gorgu, retourne la pelouse de Mme Bordin contre le gré de la propriétaire: «C'est de cette manière qu'il entendait le droit au travail» (*op. cit.*, p. 231).   **2.** «Silence du cabinet»: expression toute faite que Flaubert utilise très souvent dans ses lettres, en se l'appliquant avec humour, et en la plaçant entre guillemets pour en montrer le caractère stéréotypé.

Tous
Oui, oui, le droit au travail !

Rousselin
Sans doute, on doit travailler !

Heurtelot
Et commander de l'ouvrage !

Marchais
Mais si on n'en a pas besoin[1] ?

Rousselin
N'importe !

Marchais
Vous attaquez la propriété !

Rousselin
Et quand même ?

Marchais, *se précipitant sur l'estrade*
Ah ! vous me faites sortir de mon caractère.

Électeurs, *de droite*
Descendez ! descendez !

Électeurs, *de gauche*
Non ! qu'il y reste !

Rousselin
Oui ! qu'il demeure ! J'admets toutes les contradictions ! Je suis pour la liberté ! (*Applaudissements*

---

1. L'épicier Marchais souligne ici la contradiction entre le droit au travail et le travail réellement disponible. Le problème s'était posé pour les Ateliers nationaux : le nombre des chômeurs était tel que le travail vint rapidement à manquer.

à droite. Murmures à gauche ; il se retourne vers Marchais.) Le mot vous choque, monsieur ? c'est que vous n'en comprenez point le sens économique, la valeur... humanitaire ! La presse l'a élucidée pourtant ! et la presse, – rappelons-le, citoyens, – est un flambeau, une sentinelle qui...

BEAUMESNIL

À la question !

MARCHAIS

Oui, la propriété !...

ROUSSELIN

Eh bien ! je l'aime comme vous ; je suis propriétaire. Vous voyez donc que nous sommes d'accord !

MARCHAIS, *embarrassé*

Cependant... hum !... cependant...

LEDRU

Ah ! l'épicier ! (*Tout le monde rit.*)

ROUSSELIN

Encore un mot ! je vais le convaincre ! (*À Marchais.*) On doit, – n'est-il pas vrai, – on doit, autant que possible, démocratiser l'argent, républicaniser le numéraire. Plus il circule, plus il en tombe dans la poche du peuple, et par conséquent dans la vôtre. Pour cela, on a imaginé le crédit[1].

---

1. La question du crédit « démocratique » est d'actualité à partir du milieu du XIXe siècle, avec le développement des banques qui prêtent aux particuliers : le Crédit foncier, par exemple, est fondé en 1852. Pendant la monarchie de Juillet, Emma Bovary ne pouvait emprunter qu'à un usurier local, à

Marchais
Il ne faut pas trop de crédit!

Rousselin
Parfait! Oh! très bien!

Ledru
Comment! pas de crédit?

Rousselin, *à Ledru*
Vous avez raison; car si l'on ôte le crédit, plus d'argent! et d'autre part, c'est l'argent qui fait la base du crédit; les deux termes sont corrélatifs[1]! (*Secouant fortement Marchais.*) Comprenez-vous que les deux termes soient corrélatifs? Vous vous taisez? ce silence vous condamne, j'en prends acte!

Tous
Assez! assez! (*Marchais regagne sa place.*)

Rousselin
Ainsi se trouve résolue, citoyens, l'immense question du travail! En effet, sans propriété, pas de travail! Vous faites travailler parce que vous êtes riche, et sans travail, pas de propriété. Vous travaillez, non seulement pour devenir propriétaires, mais parce que

---

défaut de s'adresser à une banque pour satisfaire ses besoins de consommation…

1. Ce type de raisonnement «circulaire» est pour Flaubert une marque de bêtise, comme la tautologie. Dans *Bouvard et Pécuchet*, il donnera un exemple de cette erreur logique, quand Pécuchet objectera à l'abbé Jeufroy: «Si la valeur du martyr dépend de la doctrine, comment servirait-il à en démontrer l'excellence?» (*op. cit.*, p. 354).

vous l'êtes! Vos œuvres font du capital, vous êtes capitalistes.

L'AGRICULTEUR
Drôles de capitalistes!

MARCHAIS
Vous embrouillez tout!

LEDRU
C'est se ficher du monde!

TOUS
Oui! la clôture! à la porte! la clôture!

LE PRÉSIDENT
Cela devient intolérable! on ne peut plus...

LE GARDE CHAMPÊTRE
Je vais faire évacuer l'asile[1]!

ROUSSELIN, *à part, apercevant Murel qui entre*
Murel!

LEDRU
Que le candidat justifie les éloges qu'il a donnés devant moi aux opinions du sieur Bouvigny! (*Aux ouvriers.*) Vous y étiez, vous autres?

ROUSSELIN
Mais... je... je...

---

1. Ici, le mot désigne la salle de la réunion, lieu protégé, refuge, au sens étymologique, mais il se colore aussi d'une nuance ironique, connotant l'établissement pour les indigents et les aliénés, autre sens que le mot a pris progressivement à partir de 1859.

Ledru
Il est perdu!

Heurtelot
Tendez la gaffe[1]!

Voinchet
Un médecin! (*Rire général.*)

Murel
J'étais là aussi, moi! L'honorable M. Rousselin a paru condescendre aux idées de Bouvigny! Il ne s'en cache pas! il s'en vante!

Rousselin, *fièrement*
Ah!

Murel
Et c'était précisément à cause des électeurs qui l'entouraient, pour affirmer leurs convictions, en leur faisant voir jusqu'à quel point peut aller dans la tête de certaines personnes...

Rousselin
L'obscurantisme!

Murel
Effectivement! C'était, dis-je, un procédé de tactique parlementaire, une ruse... bien légitime, passez-moi l'expression, pour le faire tomber dans le panneau.

Heurtelot
Oh! oh! trop malin!

---

1. Perche, invoquée ici pour secourir un homme tombé à l'eau.

LEDRU

Alors, il s'est conduit en saltimbanque.

MUREL

Mais je...

HEURTELOT

Ne le défendez plus !

LEDRU

Et voilà l'homme qui avait promis d'aller calotter[1] le préfet !

ROUSSELIN

Pourquoi pas ?

LE GARDE CHAMPÊTRE, *le frappant légèrement sur l'épaule*

Doucement, monsieur Rousselin !

TOUS

Assez ! assez ! la clôture ! la clôture ! (*Tout le monde se lève. Rousselin fait un geste désespéré, puis se retourne vers le président qui sort.*)

LE PRÉSIDENT

Une séance peu favorable, cher monsieur ; espérons qu'une autre fois...

ROUSSELIN, *observant Murel*

Murel qui s'en va ! (*À Marchais qui passe devant lui.*) Marchais ! ah ! c'est mal ! c'est mal !

MARCHAIS

Que voulez-vous, avec vos opinions !...

---

1. Gifler.

Scène III

Rousselin, Onésime, le garçon de café.

Rousselin, *redescendant*

Oh! mes rêves!... – je n'ai plus qu'à m'enfuir, ou à me jeter à l'eau, maintenant! On va faire des gorges chaudes, me blaguer! (*Considérant les chaises.*) Ils étaient là!... oui! et au lieu de cette foule en délire dont j'écoutais d'avance les trépignements... (*Le garçon de café entre, pour ranger les chaises.*) Ah! fatale ambition, pernicieuse aux rois comme aux particuliers!... et pas moyen de faire un discours! tous mes mots ont raté! Comme je souffre! comme je souffre! (*Au garçon de café.*) Ah! vous pouvez les prendre! je n'en ai plus besoin! (*À part.*) Leur vue me tape sur les nerfs, maintenant!

Le garçon de café, *à Onésime sur l'estrade et qui se trouve caché par la contrebasse*

Restez-vous là?

Onésime, *timidement*

Monsieur Rousselin!

Rousselin

Ah! Onésime!

Onésime, *s'avançant*

Je voudrais trouver quelque chose de convenable... pour vous dire que je participe aux désagréments...

Rousselin

Merci! merci! Car tout le monde m'abandonne!... jusqu'à Murel!

Onésime

Il vient de sortir avec le clerc de Me Dodart!

Rousselin

Si j'allais le trouver? (*Regardant dehors.*) Il y a encore trop de monde sur la place; et le peuple est capable de se porter sur moi à des excès!...

Onésime

Je ne crois pas!

Rousselin

Cela s'est vu! On peut être outragé, déchiré! Ah! la populace! je comprends Néron[1]!

Onésime

Quand mon père a reçu cette lettre du préfet qui lui enlevait tout espoir, il a été comme vous, bien triste! Cependant il a repris le dessus, à force de philosophie!

Rousselin

Dites-moi, vous qui êtes excellent, vous n'allez pas me tromper?

---

1. Flaubert prête ici à Rousselin l'une de ses références: «Les trois quarts de ma journée habituellement se passent à admirer Néron, Héliogabale ou quelque autre figure secondaire, qui converge comme des astres autour de ces soleils de beauté plastique» (lettre à Louise Colet, 7 mars 1847). Mais il y a loin de l'admiration d'un artiste pour la «beauté du mal» à la sympathie exprimée par un bourgeois qui méprise le peuple.

ONÉSIME

Oh !

ROUSSELIN

Est-ce que monsieur votre père... (*Se retournant vers le garçon qui remue les chaises.*) Il est irritant, ce garçon-là ! Laissez-nous tranquilles ! (*Le garçon sort.*) Est-ce que votre père avait autant de voix qu'on le soutient ? Il m'a défilé une liste de communes !...

ONÉSIME

Il est toujours sûr de soixante-quatre laboureurs. J'ai vu leurs noms !

ROUSSELIN, *à part*

C'est un chiffre, cela !

ONÉSIME

Mais... j'ai quelque chose pour vous. Une vieille femme, que je ne connais pas, m'a dit comme j'entrais à la séance : « Faites-moi le plaisir de remettre ce billet à M. Rousselin. » (*Il le lui donne.*)

ROUSSELIN

Une drôle de lettre ! Voyons un peu ! (*Lisant.*) « Une personne qui s'intéresse à vous, croit de son devoir de vous prévenir que Mme Rousselin... » (*Il s'arrête bouleversé.*)

ONÉSIME

Dois-je porter la réponse ?

ROUSSELIN, *ricanant convulsivement*

La... la... la réponse ?

ONÉSIME

Oui! laquelle?

ROUSSELIN, *furieux*

C'est un coup de pied pour l'imbécile qui fait de pareilles commissions! (*Onésime s'enfuit.*)

Une lettre anonyme, après tout, je suis bien sot de m'en tourmenter! (*Il la froisse et la jette.*) La haine de mes ennemis n'aura donc pas de bornes! Voilà une machination qui dépasse toutes les autres! C'est pour me distraire de la vie politique, pour me gêner dans ma candidature; et on m'attaque jusqu'au fond de l'honneur! Cette infamie-là doit venir de Gruchet?... Sa bonne est sans cesse à rôder autour de la maison... (*Il ramasse la lettre, et lisant.*) «Que votre femme a un amant!» On n'est pas l'amant de ma femme! – Quels sont les hommes qui peuvent être son amant?...

Est-ce assez bête!... Cependant l'autre soir, sous les quinconces, j'ai entendu un soufflet, presque aussitôt un baiser! J'ai bien vu miss Arabelle! mais sûrement elle n'était pas seule, puisque d'autre part, un soufflet?... Est-ce qu'un insolent se serait permis envers Mme Rousselin?... Oh! elle me l'aurait dit? Et puis, le baiser dans ce cas-là eût précédé le soufflet, tandis que j'ai fort bien entendu un soufflet d'abord, et un baiser, ensuite! Bah! n'y pensons plus! j'ai bien d'autres choses! Non! non! tout à mon affaire! (*Il va pour sortir.*)

Scène IV

ROUSSELIN, GRUCHET.

GRUCHET

Il n'est pas là, M. Murel?

ROUSSELIN

Vous venez me narguer, sans doute? jouir de ma défaite, ajouter vos persiflages...

GRUCHET

Pas du tout!

ROUSSELIN

Au moins faut-il se servir d'armes loyales, monsieur!

GRUCHET

Le droit est de mon côté!

ROUSSELIN

Je sais bien qu'en politique...

GRUCHET

Ce n'est pas la politique qui me fait agir, mais des intérêts plus humbles. M. Murel...

ROUSSELIN

Et je me moque de Murel!

GRUCHET

Voilà huit jours qu'il m'échappe, malgré ses promesses. Et il se conduit d'une manière abominable! Non content de s'être livré sur moi à des violences,

– je pouvais le traduire en justice; je n'ai pas voulu, par respect du monde et considération pour l'industrie.

Rousselin

Plus vite, je vous prie!

Gruchet

M. Murel s'est engagé, en arrivant ici, dans des opérations de Bourse, qui furent d'abord heureuses; et il a si bien fait... que... une première fois, je lui ai prêté dix mille francs. Oh! il me les a rendus, et même avec des bénéfices! Deux mois plus tard, autre prêt de cinq mille! Mais la chance avait tourné. Une troisième fois...

Rousselin

Est-ce que ça me regarde?

Gruchet

Bref, il me doit actuellement trente mille deux cent vingt-six francs, et quinze centimes!

Rousselin, *à part*

Ah! c'est bon à savoir!

Gruchet

Ce jeune homme a abusé de ma candeur! Il me leurrait avec la perspective d'une belle affaire, un riche mariage.

Rousselin, *à part*

Coquin!

Gruchet

Par sa faute, je me trouve sans argent. Depuis quelque temps, j'en ai tellement dépensé! (*Il soupire.*) Et, puisque vous êtes son ami, arrangez-vous, priez-le, pour qu'il me rende ce qui m'appartient.

Rousselin
Me demander cela, vous, mon rival!

Gruchet
Je n'ai pas fait le serment de l'être toujours! J'ai du cœur, monsieur Rousselin; je sais reconnaître les bons offices!

Rousselin
Comment! lorsque je possède une reconnaissance de six mille francs, prêtés autrefois pour commencer vos affaires, et dont les intérêts, depuis l'époque, montent à plus de vingt mille!

Gruchet
C'est même où je voulais en venir. Donnant, donnant!

Rousselin
Je n'y suis plus du tout!

Gruchet
Songez donc que beaucoup de personnes dépendent de moi, et que j'ai, sans qu'il y paraisse, pas mal d'influence! Si vous me remettiez le papier en question, on pourrait s'entendre.

Rousselin
Sur quoi?

Gruchet
Je lâcherais les électeurs.

ROUSSELIN

Et si je ne suis pas nommé ?... Je perds mon argent !

GRUCHET

Vous êtes trop modeste !

ROUSSELIN

Hein ?

GRUCHET

À votre guise ! Jusqu'à la dernière minute, il sera temps ! Mais je vous répète que vous avez tort ! (*Il se dirige vers la gauche.*)

ROUSSELIN

Où allez-vous donc par là ?

GRUCHET

Dans ce cabinet, où mon ami Julien doit être à travailler sur le procès-verbal de la séance. Je vous assure que vous avez tort ! (*Il sort.*)

Scène V

ROUSSELIN, *puis* MUREL.

ROUSSELIN

Est-ce un piège, ou serait-ce la vérité ? Quant à Murel, c'est un sauteur[1] qui faisait tout bonnement

---

1. Personne qui n'est pas sérieuse, farceur. L'argot du XIXe siècle donne aussi à ce mot le sens de voleur, et, par analogie avec «sauteuse», de personne de moralité douteuse. Les trois sens s'associent pour qualifier Murel.

une spéculation. Oh! je m'en doutais un peu! Mais à présent, je ne vois pas pourquoi je me gênerais; il a perdu son crédit sur le peuple, et ma foi...

MUREL, *entre joyeux*
Pardon de vous avoir quitté si vite! Je viens de chez Dodart. Quel événement, mon cher! Un bonheur!...

ROUSSELIN
Ah! vous en faites de belles! Je suis obligé de recevoir vos créanciers. Gruchet exige trente mille francs!

MUREL
La semaine prochaine, il les aura!

ROUSSELIN
Encore vos forfanteries! Jamais vous ne doutez de rien!... De même pour ma candidature! On n'est pas en vérité moins habile; et vous auriez dû plutôt...

MUREL
Soutenir Gruchet, n'est-ce pas?

ROUSSELIN
C'est tout comme! *L'Impartial*, depuis huit jours, n'a rien fait.

MUREL
J'étais en voyage; et je suis revenu sans même attendre...

ROUSSELIN
Mauvaise excuse!

MUREL

La réclamation de Gruchet est une vengeance. Je me perds à cause de vous ; heureusement que...

ROUSSELIN

Quoi donc !

MUREL

Vous m'avez, en quelque sorte, promis la main de votre fille...

ROUSSELIN

Oh ! oh ! entendons-nous !

MUREL

Mais vous ne savez donc pas que je viens d'hériter !

ROUSSELIN

De votre tante, peut-être ?

MUREL

Certainement !

ROUSSELIN

La plaisanterie est rebattue.

MUREL

Je vous jure que ma tante est morte !

ROUSSELIN

Eh bien ! enterrez-la, et ne me bernez pas avec vos histoires d'héritage.

MUREL

Rien de plus vrai ! Seulement, comme la pauvre femme a trépassé depuis mon départ, on cherche si quelquefois un autre testament...

Rousselin

Ah! il y a des *si*! Eh bien, mon cher, moi, j'aime les gens sûrs des choses qu'ils disent et entreprennent.

Murel

Monsieur Rousselin, vous oubliez trop ce que je puis faire pour vous!

Rousselin

Pas grand-chose! Les ouvriers ne vous écoutent plus!

Murel

Vraiment! Parce qu'il y a cinq ou six braillards peut-être... des hommes que j'avais renvoyés de ma fabrique... Mais tous les autres!

Rousselin

Pourquoi ne sont-ils pas venus?

Murel

Comment les amener, étant absent?

Rousselin, *à part*

Cela, c'est une raison.

Murel

Vous ne connaissez pas leur humeur; et je parie que d'ici à dimanche prochain, si je voulais, j'aurais le temps... Mais non, je ne m'en mêle plus... et... je recommanderai Gruchet!

Rousselin, *à part*

Il me fait des menaces!... Est-ce que j'aurais encore des chances? (*Haut.*) Ainsi, vous croyez... que l'effet de la réunion... n'a pas été absolument mauvais?

Murel

Ah! vous avez blessé le peuple!

Rousselin

Mais j'en suis, du peuple! Mon père était un modeste travailleur. Voilà ce qu'il faut leur dire, mon bon Murel, et que j'ai souffert pour eux, car le Gouvernement a mis la main sur moi, là, tout à l'heure! Retournez à la filature.

Murel

Mais écoutez!... j'apporte... – on n'attend plus que le certificat de décès de mon cousin...

Rousselin

Faites-leur comprendre!...

Murel

Premièrement, une ferme.

Scène VI

Les mêmes, Madame Rousselin, Louise.

Madame Rousselin, *à la cantonade*

Louise, suis-moi donc! Qu'as-tu à regarder partout? (*À son mari.*) Ah! je te trouve enfin; j'étais inquiète. S'il y a du bon sens!

Rousselin

Je ne pouvais pas...

LOUISE, *apercevant Murel*

Mon ami!

MUREL

Louise!

MADAME ROUSSELIN, *scandalisée*

Que signifie? Est-ce une tenue pour une jeune personne? Et vous-même, monsieur, une pareille familiarité!...

MUREL

Mon Dieu, madame, M. Rousselin pourra vous dire...

MADAME ROUSSELIN

Je suis curieuse, en effet, de voir par quelles raisons ma fille...

ROUSSELIN

Ma chérie, d'abord tu comprendras...

LOUISE, *à Murel, à part*

C'est moi qui ai poussé ma mère à venir; je vous savais ici; pas d'autre moyen!...

MUREL, *de même*

Il faut brusquer tout; je vous dirai pourquoi. (*S'avançant vers M. et Mme Rousselin.*) Madame, bien qu'on ait l'habitude d'employer pour de telles démarches des intermédiaires, je m'en passe forcément, et je vous prie de m'accorder en mariage Mlle Louise.

MADAME ROUSSELIN
Monsieur, mais, monsieur, on ne prend pas les gens...

MUREL, *vite*
Ma nouvelle position de fortune me permet...

ROUSSELIN
Ah! il faut voir!

MADAME ROUSSELIN
Cela est si en dehors des procédés ordinaires...

LOUISE, *souriant*
Oh! maman!

MADAME ROUSSELIN
Et cette inconvenance, dans un endroit public!
(*Julien entre par la porte de gauche.*)

Scène VII

LES MÊMES, JULIEN.

JULIEN, *à Rousselin*
Je viens, monsieur, me mettre à votre disposition.

ROUSSELIN
Vous?

JULIEN
Oui, moi, absolument!

MUREL, *à part*
Qui l'amène?

JULIEN
Mon journal ayant une autorité de vieille date dans le pays, je peux vous être utile.

ROUSSELIN, *ébahi*
Mais Murel?

JULIEN
J'ai entendu à travers cette cloison tout ce qui s'est passé à la séance; et il m'est facile d'en faire un compte rendu favorable (*désignant Murel*), avec la permission, toutefois, de mon chef.

MUREL
Parbleu! depuis assez longtemps!...

ROUSSELIN
Comment vous exprimer...

MADAME ROUSSELIN, *bas à son mari*
Tu vois que j'ai réussi, hein? (*Bas à Julien.*) Je vous remercie.

JULIEN, *de même*
Vos yeux me soutenaient! c'est fait!

ROUSSELIN, *à sa femme*
Il est charmant! Défendu par vous, qui êtes un polémiste!...

MUREL
Un talent flexible, clair, pittoresque!

Rousselin

Je crois bien !

Murel

Et d'une violence quand il veut s'en donner la peine ! (*Bas à Julien.*) Dites que l'idée vient de moi ; vous m'obligerez.

Julien

Malgré les arguments de notre ami Murel, – car il vous prône avec une ardeur !... – je demeurais dans mon obstination. (*Regardant Mme Rousselin.*) Mais tout à coup, comme éclairé par une lumière, et obéissant à une voix, j'ai vu, j'ai compris.

Rousselin

Ah ! cher monsieur, je suis pénétré de reconnaissance !

Julien, *bas, à Mme Rousselin*

Quand nous reverrons-nous ?

Madame Rousselin, *de même*

Je vous le ferai savoir.

Rousselin, *à Julien*

Par exemple, je ne sais pas comment vous vous y prendrez !

Julien, *gaiement*

Ceci est mon affaire !

Rousselin, *à sa femme*

Prie donc M. Julien de venir ce soir dîner chez nous, en famille.

MADAME ROUSSELIN, *faisant une révérence*
Mais certainement, avec le plus grand plaisir.

JULIEN, *saluant*
Madame !

FIN DU TROISIÈME ACTE

ACTE QUATRIÈME

Le cabinet de Rousselin. Au fond, une large ouverture avec la campagne à l'horizon. Plusieurs portes. À gauche, un bureau sur lequel se trouve une pendule.

Scène première

PIERRE, *puis* LE GARDE CHAMPÊTRE, *puis* FÉLICITÉ.

PIERRE, *à la cantonade, d'une voix très haute*
François, allez prendre dans le char à bancs huit messieurs à Saint-Léonard, et vous ne refermerez pas la grille ! – Il faut qu'Élisabeth porte encore des bulletins. – Vous n'oublierez pas, en revenant, le papetier pour les cartes de visite.
(Entre un commissionnaire qui halète sous un ballot de journaux.)
C'est lourd, hein ? mon brave... Mettez cela ici ; bon ! (*L'homme dépose son ballot par terre, près d'un autre beaucoup plus grand.*) Et descendez vous rafraîchir à la cuisine. On y boit du champagne dans des pots à confitures ; rien ne coûte, vu la circonstance !

Ce soir l'élection, et la semaine prochaine, Paris ! Voilà assez longtemps que j'en rêve le séjour, principalement pour les huîtres et le bal de l'Opéra ! (*Considérant les deux tas de journaux.*) L'article de M. Julien, encore ! À qui en distribuer ? Tout le monde en a, sans exagération, au moins trois exemplaires ! Et il nous en reste !... N'importe ! à l'ouvrage ! (*Il commence à diviser le tas par petits paquets. Entre le garde champêtre.*)
Ah ! père Morin, aujourd'hui vous êtes en retard !

Le garde champêtre

C'est qu'il y a eu, chez M. Murel, une espèce d'émeute ; les ouvriers maintenant sont contre lui ; [on parle même de faire venir de la troupe]*. Ah ! ça ne va pas ! ça ne va pas ! (*Il se met à aider Pierre. Entre Félicité.*)

Pierre

Tiens, Félicité ! Bonjour, madame Gruchet.

Félicité

Malhonnête !

Pierre

Je vous croyais fâchée depuis que votre maître nous fait concurrence ?

Félicité, *sèchement*

Ça ne me regarde pas !... J'ai une commission pour le vôtre.

Pierre

Il est sorti.

---

* Enlevé par la censure.

Félicité
Mais il rentrera pour déjeuner ?

Pierre
Est-ce qu'on déjeune ! Est-ce qu'on a le temps ! Monsieur, du matin au soir, n'arrête pas ! Madame porte des secours à domicile ! et Mademoiselle, avec un grand tablier, distribue des potages aux pauvres !

Félicité
Et l'institutrice ?

Pierre
Oh ! plus gnian-gnian que jamais ! (*Au garde champêtre.*) Non ! comme cela ! (*Pliant un journal.*) C'est Monsieur qui m'a appris, de manière à ce que l'on voie, du premier coup d'œil, l'article.

Le garde champêtre
Il cause dans l'arrondissement une agitation !...

Pierre
Pour être tapé, il l'est.

Félicité
En attendant, n'y aurait-il pas moyen de lui dire un mot, à votre Anglaise ?

Pierre, *désignant la porte de gauche*
Sa chambre est par là, au fond du corridor, à droite.

Félicité
Oh ! je sais. (*Elle se dirige vers la porte.*)

Pierre
Notre patron !

Scène II

Les mêmes, Rousselin.

Rousselin, *en entrant,*
presse chaleureusement la main de Pierre
Mon cher ami…

Pierre, *étonné*
Mais, monsieur ?…

Rousselin
Une distraction, c'est vrai ! L'habitude de donner au premier venu des poignées de main est plus forte que moi… J'en ai la paume enflée. (*Au garde champêtre.*) Ah ! très bien ! (*Lui glissant de l'argent d'une manière discrète.*) Merci !… et… ne craignez pas… si jamais vous aviez besoin…

Le garde champêtre,
avec un geste pour le rassurer
Oh ! (*Il sort avec Pierre qui l'aide à porter les journaux.*)

Rousselin
Il enfonce toutes les objections, l'article ! – démontrant fort bien qu'il est absurde d'avoir des opinions arrêtées d'avance, et que ma conduite par là est plus sage et plus loyale. Il vante mes lumières administratives, il dit même que j'ai fait mon droit, – j'ai poussé jusqu'au premier examen, – et avec des tournures de style !… – C'est pourtant à ma femme que je dois cela !

Félicité,
s'avançant, et lui remettant une lettre

De la part de M. Gruchet!

Rousselin

Ah! (*Lisant.*) «La quittance, et je me désiste. Vous pouvez la confier à ma bonne.»

Diable! Voilà ce qu'on appelle vous mettre le couteau sur la gorge!

Mais, s'il se retire, pas d'autre concurrent, et je suis nommé! Mon Dieu, oui! C'est bien clair! La somme est lourde, cependant, et je n'aurai plus contre lui aucun moyen?... Eh! quand il sera élu, belle avance! Pour six mille francs, dont je ne parlais pas, que j'avais oubliés... À quoi me serviraient-ils? Bah! on n'a rien sans sacrifice! (*Il ouvre son bureau.*) Tenez! (*Donnant un petit papier à Félicité.*) Dépêchez-vous! votre maître attend!

Félicité

Merci, monsieur! (*Elle sort.*)

Rousselin

La démission est tardive! Bah! le scrutin ne fait que d'ouvrir, et quand j'y perdrais quelques voix...

Scène III

Rousselin, Murel, Dodart.

Murel

Ah! maintenant vous me croirez. Je vous amène le notaire, avec toutes ses preuves.

Dodart
Voici les actes de l'état civil, et l'extrait d'inventaire établissant les droits et qualités de mon client à la succession de Mme veuve Murel, de Montélimart, sa tante.

Rousselin
Mes compliments!

Murel
Ainsi, rien ne s'oppose plus à ce que...

Rousselin
Quoi? qu'est-ce que vous dites?

Murel
Mon mariage?

Rousselin
Et comment voulez-vous que dans un jour pareil!...

Murel
Sans doute! Cependant, sans rien décider, on pourrait convenir...

Rousselin, *à Dodart*
Savez-vous quelque chose de nouveau? On ne vous a pas dit, par hasard, que Gruchet...

Murel
Mon cher, il me semble que vous pourriez accorder plus d'attention...

Rousselin
Non! pas de bavardage! Vous feriez mieux de ne

pas quitter vos hommes ; le bruit court même qu'ils se disposent...

MUREL
Mais j'ai amené exprès Dodart !

ROUSSELIN
Allez-vous-en ! Nous causerons ensemble de votre affaire !

MUREL
Vous consentez, alors ? c'est bien sûr ?

ROUSSELIN
Oui ! mais ne perdez pas de temps !

MUREL, *sortant vivement*
Ah ! comptez sur moi ! Quand je devrais leur donner de ma bourse une augmentation !... (*Il sort.*)

Scène IV

ROUSSELIN, DODART, *puis* MARCHAIS, *puis* PIERRE, *puis* ARABELLE.

ROUSSELIN
Un bon enfant, ce Murel !

DODART
Néanmoins, il se trompe ! Les ouvriers maintenant se moquent de lui ! Quant à sa fortune, par exemple...

MARCHAIS

Serviteur! M. de Bouvigny m'envoie chercher votre réponse.

ROUSSELIN

Comment?

MARCHAIS

La réponse à la chose que M. Dodart vous a communiquée?

DODART, *se frappant le front*

Quelle étourderie! la première, peut-être, qui m'arrive dans la carrière du notariat!

MARCHAIS, *à Rousselin*

Et il demande un mot d'écrit.

ROUSSELIN

Mais?...

DODART, *à Rousselin*

Je vais vous dire. (*À Marchais.*) Patientez quelques minutes dans la cour, n'est-ce pas? (*Marchais sort.*) M. de Bouvigny est donc venu, il y a trois jours, m'affirmer encore une fois qu'il tenait à votre alliance...

ROUSSELIN

Je le sais.

DODART

Et que si vous vouliez, – dame! on se sert des moyens que l'on a; on utilise les armes que l'on possède! Ce n'est peut-être pas toujours extrêmement bien... mais...

ROUSSELIN
Ah! vous avez une façon de parler!...

DODART
Sans l'affaire de Murel, qui est tombée dans mon étude, et qui a pris tous mes instants, je serais vite accouru.

ROUSSELIN
Au fait, je vous en prie!

DODART
Si vous accordez votre fille à son fils, il est sûr, entendez-vous, le comte m'a dit qu'il était sûr de vous faire élire, ne serait-ce qu'en amenant aux urnes soixante-quatre laboureurs.

ROUSSELIN
Cet envoi de Marchais est une sommation?

DODART
Absolument.

ROUSSELIN
Eh bien?... et Murel!

DODART
En effet, vous venez de lui promettre.

ROUSSELIN
Lui ai-je promis?...

DODART
Oh! légèrement!

Rousselin

Pour ainsi dire, presque pas!... Cependant... Enfin que me conseillez-vous?

Dodart

C'est grave! très grave. Des liens d'amitié, des rapports d'intérêt même m'attachent à M. de Bouvigny, et je serais enchanté pour moi... D'autre part, je ne vous cache pas que M. Murel maintenant... (*À part.*) Un contrat! (*Haut.*) C'est à vous de réfléchir, de voir, de peser les considérations! D'un côté le nom, de l'autre la fortune. Certainement, Murel devient un parti. Cependant le jeune Onésime...

Rousselin

Que faire?... Eh! ma femme que j'oubliais! D'ailleurs je ne peux pas agir sans sa volonté. (*Il sonne.*) Tout le monde est donc mort aujourd'hui! (*Il crie.*) Ma femme! Pierre! (*À Pierre qui entre.*) Dites à Madame que j'ai besoin d'elle!

Pierre

Madame n'est pas dans la maison!

Rousselin

Voyez au jardin! (*Pierre sort.*) Elle découvrira un expédient; elle est quelquefois d'un tact...

Dodart

En de certaines circonstances, je consulte, comme vous, mon épouse; et je dois lui rendre cette justice...

Pierre, *rentre*
Monsieur, je n'ai pas vu Madame!

Rousselin
N'importe! trouvez-la!

Pierre
La cuisinière suppose que Madame est sortie depuis longtemps.

Rousselin
Pour où aller?

Pierre
Elle ne l'a pas dit!

Rousselin
Vous en êtes sûr?

Pierre
Oh! (*Il sort.*)

Rousselin
C'est extraordinaire! jamais de sa vie!...

Arabelle, *entrant fort émue*
Monsieur! Monsieur! il faut que je vous parle! écoutez-moi! une chose importante! oh! très sérieuse, monsieur!

Dodart
Dois-je me retirer, mademoiselle? (*Signe affirmatif d'Arabelle; il sort.*)

Scène V

Rousselin, Miss Arabelle.

Rousselin
Que me voulez-vous ? dépêchons !

Miss Arabelle
Mon Dieu, monsieur, pardonnez-moi si j'ose... c'est dans votre intérêt ! L'absence de Madame paraît vous... contrarier ? et je crois pouvoir...

Rousselin
Est-ce que par hasard ?...

Miss Arabelle
Oui, monsieur, le hasard précisément ! – Votre femme est avec M. Julien !

Rousselin, *abasourdi*
Comment ?... (*Puis tout à coup.*) Sans doute ! pour mon élection !

Miss Arabelle
Je ne crois pas ! car je les ai rencontrés à la Croix bleue, entrant dans le petit pavillon, – vous savez, le rendez-vous de chasse, – et j'ai entendu cette phrase de M. Julien, – sans la comprendre peut-être, malgré l'explication que cherchait à m'en donner M. Gruchet, à qui j'en parlais tout à l'heure, et qui, lui, avait l'air de comprendre mieux que moi : « J'en sortirai avant vous, et pour vous faire connaître si vous pouvez rentrer sans crainte, j'agiterai derrière moi mon mouchoir ! »

Scène VI

Les mêmes, Dodart, *puis* Louise.

Dodart, *entre vivement*

Marchais ne veut plus attendre! Du haut de votre vignot[1] dans le parc, il croit même apercevoir M. de Bouvigny qui descend la côte, au milieu d'une grande foule!

Rousselin
Les soixante-quatre laboureurs!

Dodart
Le comte peut les faire voter pour Gruchet!

Rousselin
Eh! non! puisque Gruchet... après tout, ce misérable-là!... on ne sait pas!

Dodart
Ou mettre des bulletins blancs!

---

1. Vignot ou vigneau, normandisme. «Sorte de tertre, avec sentier en hélice et couronné par une treille, qu'on élevait jadis, en Normandie» (*Grand Dictionnaire universel du XIXe siècle*). Le mot se trouve dans les deux romans «normands» de Flaubert, *Madame Bovary, op. cit.*, p. 393, et à de nombreuses reprises dans *Bouvard et Pécuchet*.

ROUSSELIN
C'est assez pour me perdre !

DODART
Et l'heure avance !

ROUSSELIN, *regardant la pendule*
D'un quart sur la Mairie, heureusement ! Que Marchais retourne vers le comte, le supplier, pour qu'il m'accorde au moins... Où est Louise ? Miss Arabelle, appelez Louise ! (*Arabelle sort.*) Comment la convaincre ?

DODART
Si vous pensez que mon intervention...

ROUSSELIN
Non ! ça la blesserait ! Tenez-vous en bas, et dès que j'aurai son consentement... Mais Bouvigny demande une lettre ! Est-ce que je pourrai jamais...

DODART
La parole d'honneur suffira. Et puis, je reviendrai vous dire...

ROUSSELIN
Eh ! vous n'aurez pas le temps ! À quatre heures, le scrutin ferme. Courez vite !

DODART
Alors, j'irai tout de suite à la Mairie...

ROUSSELIN
Que je voudrais y être, pour savoir plus tôt...

Dodart
Ce sera vite fait!

Rousselin
Eh! avec votre lenteur...

Dodart
En cas de succès, je vous ferai de loin un signal.

Rousselin
Convenu!

Louise, *entrant*
Tu m'as fait demander?

Rousselin
Oui, mon enfant! (*À Dodart.*) Allez vite, cher ami!

Dodart, *indiquant Louise*
Il faut bien que j'attende la décision de Mademoiselle!

Rousselin
Ah! c'est vrai! (*Dodart sort.*)

Scène VII

Rousselin, Louise.

Rousselin
Louise! tu aimes ton père, n'est-ce pas?

Louise
Oh! cette question!

Rousselin
Et tu ferais pour lui...

Louise
Tout ce qu'on voudrait!

Rousselin
Eh bien! écoute-moi. Dans les existences les plus tranquilles, des catastrophes surviennent. Un honnête homme quelquefois se laisse aller à des égarements. Supposons, par exemple, – c'est une supposition, pas autre chose, – que j'aie commis une de ces actions, et que pour me tirer de là...

Louise
Mais vous me faites peur!

Rousselin
N'aie pas peur, ma mignonne! C'est moins grave! Enfin, si on te demandait un sacrifice, tu te résignerais!... ce n'est pas un sacrifice que je demande, une concession, seulement! Elle te sera facile! Les rapports entre vous sont nouveaux! Il faudrait donc, ma pauvre chérie, ne plus songer à Murel!

Louise
Mais je l'aime!

Rousselin
Comment! Tu t'es laissé prendre à ses manières, à tous les embarras qu'il fait?

Louise
Moi! je lui trouve très bon genre!

ROUSSELIN
Et puis, je ne peux pas te donner de détails, mais, entre nous, il a des mœurs!...

LOUISE
Ce n'est pas vrai!

ROUSSELIN
Cousu de dettes! Au premier jour, on le verra décamper!

LOUISE
Pourquoi? Maintenant il est riche!

ROUSSELIN
Ah! si tu tiens à la fortune, je n'ai rien à dire. Je te croyais des sentiments plus nobles!

LOUISE
Mais le premier jour, je l'ai aimé!

ROUSSELIN
Tu as ton petit amour-propre aussi, toi! avoue-le! Tu ne dédaignes pas le flafla[1], tout ce qui brille, les titres; et tu serais bien aise, à Paris, – quand je vais être député, – de faire partie du grand monde, de fréquenter le faubourg Saint-Germain... Veux-tu être comtesse?

LOUISE
Moi?

---
1. Les ornements luxueux, la recherche de l'effet; ce mot populaire date de 1830.

ROUSSELIN

Oui, en épousant Onésime ?

LOUISE*.

Jamais de la vie ! un sot qui ne fait que regarder la pointe de ses bottines, dont on ne voudrait pas pour valet de chambre ! incapable de dire deux mots ! Et j'aurai de charmantes belles-sœurs ! Elles ne savent pas l'orthographe ! et un joli beau-père ! qui ressemble à un fermier. Avec tout cela un orgueil, et une manière de s'habiller ! elles portent des gants de bourre de soie !

ROUSSELIN

Tu es bien injuste ! Onésime, au fond, a beaucoup plus d'instruction que tu ne penses. Il a été élevé par un ecclésiastique éminent, et la famille remonte au XIIe siècle. Tu peux voir dans le vestibule un arbre généalogique. Pour ces dames, parbleu, ce ne sont pas des lionnes... mais enfin !... et quant à M. de Bouvigny, on n'a pas plus de loyauté, de...

LOUISE

Mais vous le déchiriez depuis la candidature ; et il vous le rendait ! Ce n'est pas comme Murel qui vous a défendu, celui-là ! Il vous défend encore ! Et c'est lui que vous me dites d'oublier ! Je n'y comprends rien ! Qu'est-ce qu'il y a ?

---

* La censure a enlevé dans cette page les mots suivants :
Dont on ne voudrait pas pour valet de chambre.
Elles ne savent pas l'orthographe.
Par un ecclésiastique éminent ; on a dit à la place *parfaitement*.

Rousselin

Je ne peux pas t'expliquer; mais pourquoi voudrais-je ton malheur? Doutes-tu de ma tendresse, de mon bon sens, de mon esprit? Je connais le monde, va! Je sais ce qui te convient! Tu ne nous quitteras pas! Vous vivrez chez nous! Rien ne sera changé! Je t'en prie, ma Louise chérie! tâche!

Louise

Ah! vous me torturez!

Rousselin

Ce n'est pas un ordre, mais une supplication! (*Il se met à genoux.*) Sauve-moi!

Louise, *la main sur son cœur*

Non! je ne peux pas!

Rousselin, *avec désespoir*

Tu te reprocheras, bientôt, d'avoir tué ton père!

Louise, *se levant*

Ah! faites comme vous voudrez, mon Dieu! (*Elle sort.*)

Rousselin, *courant au fond*

Dodart! ma parole d'honneur! vivement! (*Il redescend.*) – Voilà de ces choses qui sont pénibles! Pauvre petite! Après tout, pourquoi n'aimerait-elle pas ce mari-là? Il est aussi bien qu'un autre! Il sera même plus facile à conduire que Murel. Non, je n'ai pas mal fait, tout le monde sera content, car il plaît à ma femme!... Ma femme! Ah! encore! C'est ce serpent d'Arabelle avec ses inventions!... Malgré moi... je[1]

Scène VIII

Rousselin, *et, successivement*, Voinchet, Hombourg, Beaumesnil, Ledru.

Rousselin, *apercevant Voinchet*
Vous n'êtes pas à voter, vous ?

Voinchet
Tout à l'heure ! Nous sommes quinze de Bonneval qui s'attendent au café Français, pour aller de là tous ensemble à la Mairie !

Rousselin, *d'un air gracieux*
En quoi puis-je vous être utile ?

---

1. Dans l'édition Charpentier, le texte s'interrompt après ce mot. Il manque la suite. À défaut de disposer du manuscrit définitif, nous complétons avec la copie de la pièce soumise à la censure, conservée aux Archives nationales : « C'est ce serpent d'Arabelle avec ses inventions. Dans quel but ? ah ! par jalousie ! Elle trouve sans doute que le jeune homme la remarque un peu moins. En effet, Mme Rousselin, malgré son âge, est encore mieux que son institutrice. Ce n'est pas pour en dire du mal, et si j'étais à la place de Julien... ma foi... je... n'importe ! On l'aurait cru plus amoureux ? Manque de hardiesse, peut-être ? Il est timide comme un agneau, ce garçon-là ! » (cote F/18/768). Les variantes entre cette copie et la version publiée supposent l'existence d'un manuscrit intermédiaire, Flaubert ayant apporté des modifications à son texte avant de le donner à l'imprimeur.

Voinchet

L'ingénieur vient de m'apprendre que le chemin de fer passera décidément par Saint-Mathieu! J'avais donc acheté tout exprès un terrain; et pour en avoir une indemnité plus forte, j'avais même créé une pépinière! Si bien que me voilà dans l'embarras. Je veux changer d'industrie; et comment me défaire tout de suite d'environ cinq cents bergamotes, huit cents passe-colmar, trois cents empereurs de la Chine, plus de cent soixante pigeons?[1]

Rousselin

Je n'y peux rien!

Voinchet

Pardon! Comme vous avez derrière votre parc un sol excellent, – rien que du terreau, – à raison de trente sous l'un dans l'autre, je vous cèderais avec facilité...

Rousselin, *le reconduisant*

Bien! bien! Nous verrons plus tard!

Voinchet

Le marché est fait, n'est-ce pas? Vous recevrez demain la première voiture! Oh! ça ira! Je vais rejoindre les amis! (*Il sort par le fond.*)

---

1. Variétés de poires et de pommes (pour la dernière citée : les « œufs de pigeon » sont des pommes à cidre). Flaubert reprendra l'un de ces termes imagés au milieu d'une énumération produisant un effet comique similaire, dans *Bouvard et Pécuchet*: «Les passe-colmar étaient perdus, comme le Bésides-vétérans et les Triomphes-de-Jordoigne» (*op. cit.*, p. 77).

HOMBOURG, *entrant par la gauche*

Il n'y a pas à dire, monsieur Rousselin ! il faut que vous me preniez...

ROUSSELIN

Mais je les ai, vos alezans ! Depuis trois jours, ils sont dans mon écurie !

HOMBOURG

C'est leur place ! Mais pour les charrois, les gros ouvrages, M. de Bouvigny (vous le battrez toujours, celui-là) m'avait refusé une forte jument ! qui n'est pas une affaire, – quarante pistoles !

ROUSSELIN

Vous voulez que je l'achète ?

HOMBOURG

Ça me ferait plaisir.

ROUSSELIN

Eh bien, soit !

HOMBOURG

Faites excuse, monsieur Rousselin, mais... est-ce trop vous demander que... un petit acompte sur les alezans, ou le reste, à votre idée ?...

ROUSSELIN

Non ! (*Il ouvre son bureau, et en tirant à lui un des tiroirs.*) À la Mairie, où en sommes-nous ?

HOMBOURG

Oh ! ça va bien !

Acte quatrième. Scène VIII

ROUSSELIN
Vous y avez été ?

HOMBOURG
Parbleu !

ROUSSELIN, *à part, en repoussant le tiroir*
Alors, rien ne presse !

HOMBOURG, *qui a vu le mouvement*
C'est-à-dire que j'y ai été... pour prendre ma carte. J'ai même le temps tout juste ! (*Rousselin ouvre de nouveau son tiroir et donne de l'argent.*) Merci de votre obligeance ! (*Fausse sortie.*) Vous devriez faire un coup, monsieur Rousselin ; j'ai un bidet cauchois...

ROUSSELIN
Oh ! assez !

HOMBOURG
Étant un peu rafraîchi, ça ferait un poney pour Mademoiselle.

ROUSSELIN, *à part*
Pauvre Louise !

HOMBOURG
Quelque chose de coquet, enfin, une distraction !

ROUSSELIN, *soupirant*
Oui ! je prendrai le poney ! (*Hombourg sort par la gauche.*)

BEAUMESNIL, *sur le seuil de la porte, à droite*
Deux mots seulement ; je vous amène mon fils.

Rousselin
Pour quoi faire?

Beaumesnil
Il est dans la cour, où il s'amuse avec le chien. Voulez-vous le voir? C'est celui dont je vous avais parlé, relativement à une bourse. Nous l'espérons, d'ici à peu.

Rousselin
Je ferai tout mon possible, certainement!

Beaumesnil
Ces marmots-là coûtent si cher! Et j'en ai sept, monsieur, forts comme des Turcs!

Rousselin, *à part*
Oh!

Beaumesnil
À preuve que son maître de pension me réclame deux trimestres; ... et bien que la démarche... soit humiliante, si vous pouviez m'avancer...

Rousselin, *ouvrant le tiroir*
Combien, les trimestres?

Beaumesnil, *exhibe un long papier*
Voilà! (*Il en donne un autre.*) Il y a, de plus, quelques fournitures! (*Rousselin donne de l'argent.*) Je cours vite rapporter chez moi cette bonne nouvelle. Franchement, j'étais venu exprès.

Rousselin
Comment! et mon élection?

Beaumesnil
Je croyais que c'était pour demain. Je vis tellement renfermé dans ma famille, dans mon petit cercle ! Mais je me rends à mes devoirs ; tout de suite ! tout de suite ! (*Il sort par la droite.*)

Ledru, *entrant par le fond*
Fameux ! C'est comme si vous étiez nommé !

Rousselin
Ah !

Ledru
Gruchet se retire. On le sait depuis deux heures. Il a raison, c'est prudent ! Pour dire le vrai, je l'ai, en dessous, pas mal démoli ; et vous devriez reconnaître mon amitié, en tâchant de me faire avoir... (*Il montre sa boutonnière.*)

Rousselin, *bas*
Le ruban ?

Ledru, *très haut*
Si je ne le méritais pas, je ne dirais rien ! mais nom d'un nom !... Ah ! je vous trouve assez froid, monsieur Rousselin.

Rousselin
Mais, cher ami, je ne suis pas encore ministre !

Ledru
N'importe ! J'ai derrière moi vingt-cinq hommes, des gaillards, – Heurtelot en tête, avec des ouvriers de Murel, – qui sont maintenant sous les halles à faire une partie de bouchon. Je leur ai dit que j'allais vous

proposer un accommodement, et ils m'attendent pour se décider. Or je vous préviens que si vous ne me jurez pas de m'obtenir la croix d'honneur!...

ROUSSELIN
Eh! je vous en achèterai quatre d'étrangères!

LEDRU
Au pas de course, alors! (*Il sort vivement.*)

Scène IX

ROUSSELIN, *seul, regardant au fond.*

Il aura le temps! on a encore cinq minutes! Dans cinq minutes le scrutin ferme, et alors?...

Je ne rêve donc pas! C'est bien vrai! je pourrais le devenir! Oh! circuler dans les bureaux, se dire membre d'une commission, être choisi quelquefois comme rapporteur, ne parler toujours que budget, amendements, sous-amendements, et participer à un tas de choses... d'une conséquence infinie! Et chaque matin je verrai mon nom imprimé dans tous les journaux [1], même dans ceux dont je ne connais pas la langue!

---

1. Rêve du bourgeois, réalisé pour Homais qui écrit dans le journal local *Le Fanal de Rouen*, et caressé par Bouvard et Pécuchet : « On parlera de nous dans les journaux » (Carnet de notes n° 19, f° 39 v°, en ligne sur Gallica) ; « [Pécuchet] songeait que si le sort l'avait voulu, il ferait maintenant partie d'une société d'agriculture, brillerait aux expositions, serait cité dans les journaux » (*Bouvard et Pécuchet, op. cit.*, p. 78).

Le jeu! la chasse! les femmes! est-ce qu'on aime quelque chose comme ça? Mais pour l'obtenir, je donnerais ma fortune, mon sang, tout! Oui! j'ai bien donné ma fille! ma pauvre fille! (*Il pleure.*) J'ai des remords maintenant; car je ne saurai jamais si Bouvigny a tenu parole. On ne signe pas les votes!

(*Quatre heures sonnent.*) C'est fait! On dépouille le scrutin; ce sera vite fini! À quoi vais-je m'occuper pendant ce temps-là? Quelques intimes, quand ce ne serait que Murel qui est si actif, devraient être ici pour m'apprendre les premiers bulletins!

Oh! les hommes! dévouez-vous donc pour eux! Si le pays ne me nomme pas... Eh bien, tant pis! qu'il en trouve d'autres! J'aurai fait mon devoir! (*Il trépigne.*) Mais arrivez donc! arrivez donc! Ils sont tous contre moi, les misérables! C'est à en mourir! Ma tête se prend, je n'y tiens plus! J'ai envie de casser mes meubles!

Scène X

Rousselin, un mendiant, *aveugle*[1], *qui joue de la vielle.*

Rousselin

Ah! ce n'est pas un électeur, celui-là? On peut le bousculer! Qui vous a permis...

---

1. Encore un «revenant» de *Madame Bovary*: l'aveugle de la côte de Bois-Guillaume.

LE MENDIANT
La maison est ouverte ; et des camarades m'ont dit qu'on y faisait du bien à tout le monde, mon cher monsieur Rousselin du bon Dieu ! On ne parle que de vous ! Donnez-moi quelque chose ! Ça vous portera bonheur !

ROUSSELIN, *à lui-même*
Ça me portera bonheur ! (*Il met deux doigts dans la poche de son gilet ; rêvant.*) L'aumône, faite en des circonstances suprêmes, a peut-être une puissance que l'on ne sait pas ? et j'aurais dû, ce matin, entrer dans une église !...

LE MENDIANT, *faisant aller la vielle*
La charité, s'il vous plaît !

ROUSSELIN, *ayant palpé ses poches*
Eh ! je n'ai plus d'argent sur moi !

LE MENDIANT, *jouant toujours*
Quelque chose, s'il vous plaît ?

ROUSSELIN, *fouillant les tiroirs de son bureau*
Non ! pas un sou ! pas un liard ! J'ai tant donné depuis ce matin ! Cet instrument m'agace ! Ah ! je trouverai bien un peu de monnaie qui traîne.

LE MENDIANT
La charité, s'il vous plaît ! Vous qu'on dit si riche ! C'est pour avoir du pain ! Ah ! que je suis faible ! (*Près de tomber, il se soutient à la porte.*)

ROUSSELIN, *découragé*
Je ne peux pas battre un aveugle !

LE MENDIANT
La moindre des choses! je prierai le bon Dieu pour vous!

ROUSSELIN, *arrachant sa montre de son gousset*
Eh bien, prenez ça! et le Ciel sans doute aura pitié de moi! (*Le mendiant décampe vite, Rousselin regarde la pendule.*) On ne vient pas! Il y a quelque malheur! personne n'ose me le dire! J'irais bien, mais les jambes... Ah! c'est trop!... tout me semble tourner! Je vais m'évanouir! (*Il s'affaisse sur le canapé.*)

Scène XI

ROUSSELIN, MISS ARABELLE.

MISS ARABELLE, *le touchant à l'épaule*
Regardez! (*Du doigt elle indique l'horizon; Rousselin se penche pour voir.*) Au bas du sentier, en face l'école, au-dessus de la haie.

ROUSSELIN
Quelque chose de blanc qui s'agite?

MISS ARABELLE
Le mouchoir!...

ROUSSELIN
Mais... je ne distingue pas!... (*Puis, tout à coup, poussant un cri.*) Ah! que je suis bête! c'est Dodart! Victoire! Oui, ma bonne Arabelle. Bien sûr! tenez! on accourt par ici!

Miss Arabelle

Du monde sur les portes! des hommes avec des fusils! (*Coups de feu.*)

Rousselin

C'est pour me célébrer! Bon! encore! toujours! Pif! paf! (*Silence.*) Écoutez donc, mon Dieu! (*Bruit de pas rapides.*)

Scène XII

Les mêmes, Gruchet, *puis* tout le monde.

Rousselin, *se précipitant vers Gruchet*
Gruchet! quoi? parlez! Eh bien? – Je le suis?

Gruchet, *le regarde des pieds à la tête,
puis éclate de rire*
Ah! je vous en réponds[1]!

Tous, *entrant à la fois, par tous les côtés*
Vive notre député! Vive notre député!

FIN DU QUATRIÈME ET DERNIER ACTE

---

1. D'après Flaubert, les acteurs ont trouvé «exquis» ce mot équivoque, quand il leur a fait lecture de sa pièce (lettre à sa nièce Caroline, 11 décembre 1873). Mais plusieurs critiques relèvent que ce mot de la fin n'a pas été compris et que le public attendait une autre conclusion : voir p. 210, en annexe, le début du compte rendu de Villiers de l'Isle-Adam.

ANNEXES

Voici deux textes relatifs au *Candidat*: le premier est une lettre de Flaubert à Léon Carvalho, directeur du théâtre du Vaudeville; le second est un extrait d'un article de Villiers de l'Isle-Adam, après l'échec.

Lettre de Flaubert à Carvalho

[Paris], Vendredi, 4 heures du matin,
[3 janvier 1874].

Mon bourreau!!!
Comme vous avez l'habitude de me couper la parole avant que je n'aie desserré les lèvres, je me permets de vous adresser *par écrit* les observations ci-dessous, que vous méditerez «dans le silence du cabinet».

I. Depuis hier au soir, je pressure, sans discontinuer, ma pauvre cervelle, afin d'arranger *la scène finale du IIIe acte, sans femmes.*
Impossible! – et voici pourquoi:
Il faut: 1° qu'on voie *l'accord subit de Murel et de Julien*, entente qui se fait par des apartés tandis que les deux femmes sont avec Rousselin. 2° *Murel profite*

de l'occasion pour demander Louise officiellement. Il l'a déjà tant de fois demandée que cette demande doit différer des autres, être plus forte, plus évidente. 3° Il est indispensable de *montrer l'amour de Louise*. Autrement sa résistance au IVe *acte* n'aurait pas de sens, et serait sans préparation. 4° Quant à *l'inconvenance* qu'il y a à faire cette demande dans un lieu public, elle est relevée par *Mme Rousselin* elle-même! 5° *La présence des femmes au Salon de Flore?* Mais Louise dit que c'est une ruse d'elle, pour parler à Murel! 6° Il faut montrer que *Mme Rousselin a réussi* et qu'elle mène son mari par le nez. On ne la verra plus. C'est bien le moins qu'elle paraisse une dernière fois. 7° Raison majeure. *Sans femme, l'acte est triste* comme peinture. Sur cette question, je n'ai pas besoin de vous dire que *Goudry* et *Saint-Germain* partagent mon avis. Quant à *Delannoy*[1], c'est vous qui l'avez corrompu, gros malin, j'ai vu votre dialogue avec lui.

Je suis, pour ma part, écœuré par cette masse de vilains costumes, cette quantité d'hommes; un peu de robes délassera la vue. On a fait pendant cet acte assez de vacarme, tout ne doit pas être subordonné au mouvement ou à ce qui passe pour tel. Sacrifions aux Grâces!

Enfin, mon cher ami, je ne trouve pas moyen de changer la scène en question. Ce que j'ai fait n'est pas bon, mais ce que vous me proposez est pire. De cela, j'en suis sûr.

Je vais aujourd'hui tâcher de mettre en scène, moi-même, cette fin d'acte. Nous verrons ce qui en résultera. Vous conviendrez que vous n'avez pas même essayé de voir ce qu'elle donnerait.

---

1. Goudry joue Murel, Saint-Germain Gruchet et Delannoy Rousselin.

Autre guitare :

II. Delannoy, qui a la rage des changements, n'a pas songé que, dans son second monologue du troisième, Rousselin *doit* parler de *Gruchet* (son ennemi) et de Félicité (dont il est tant de fois question et qu'on reverra au quatrième acte). Donc, après le mot «carrière politique», il ferait bien (maintenant) d'ajouter : «Cette infamie-là doit venir de Gruchet, sa bonne est sans cesse à rôder autour de ma maison[1]», puis, tout ce qu'il voudra.

Bref, mon cher ami, je suis à bout de forces, *et je ne change plus rien*! Assez! tout a des bornes!

N.B. Si vous trouvez encore des modifications de texte à établir, je vous prie de me communiquer vos idées là-dessus, tranquillement, posément, chez vous ou chez moi, en tête à tête, mais non plus à brûle-pourpoint et en plein théâtre, endroit où la discussion est impossible et où votre violence me clôt le bec.

III. Je suis sorti du théâtre dans l'état d'un monsieur qui vient de recevoir sur le crâne une volée de coups de canne. Ce n'était pas tout! En bas, sous la porte, le costumier m'a arrêté, et je fus violemment saisi par la hideur de cet homme! Car le Vaudeville doit me faire éprouver tous les sentiments, y compris «l'Épouvante!».

Comme cette épouvante m'avait glacé (cré nom de Dieu qu'il est laid! quelle dentition!), je suis arrivé à la censure avec une physionomie et un caractère tout nouveaux. Les sieurs de Bauplan et Hallays ne m'ont pas reconnu. L'ombre de Flaubert a proféré quelques sons... confus... et a tout accordé, tout concédé, par lassitude,

---

1. Voir acte III, scène III.

dégoût, avachissement, et pour en finir. Ah! c'est une jolie école de démoralisation que le théâtre!

Donc l'affaire de la *censure est terminée.*

Je me résume: 1° Il faut que nous nous entendions pour les costumes, ou plutôt parlez-lui, vous-même; seul, je n'oserais!

2° Tâchons de mettre en scène la fin du troisième acte, telle qu'elle est.

3° Faites vos efforts pour venir demain, dimanche.

Il est temps d'aller se coucher, je crève.

À vous, mon bon (quoique – ou plutôt parce que – vous me faites subir de rudes étamines).

Votre
Gve Flaubert

Je me recommande toujours de Mme Carvalho.

Compte rendu du *Candidat* par Auguste Villiers de l'Isle-Adam

Le Candidat. Comédie en quatre actes par Gustave Flaubert

Lorsque, sur la dernière scène du drame, la toile est tombée, comme la nuit sur les coassements d'un marécage, le public du Vaudeville est demeuré, pendant un bon moment, comme interdit, et pouvant à peine en croire ses oreilles. J'ai un faible pour ce public, lequel est tout particulier. J'ai eu affaire à lui, naguère, et c'est toujours avec intérêt que je l'observe, à l'occasion.

« Eh bien mais? Et le dénouement?... cela n'est pas fini?... » demandait-il machinalement par une vieille habitude.

Il voulait son maire et son notaire.

Hélas! c'était impossible. On ne pouvait lui servir son plat favori, attendu que, cette fois, la comédie ne finit pas, n'ayant jamais commencé. *Le Candidat* dure toujours, avec son auréole de satellites; il est, voilà tout; il continue au sortir de la salle, en renchérissant peut-être. C'est le serpent qui se mord la queue! Demander la fin de cette comédie, autant demander la suppression de la Chambre. On aurait dû arrêter comme radicaux et subversifs les gens qui ont osé réclamer une chose pareille.

« Mais... ce n'est pas une pièce, alors! » dit le public, avec ce sourire qui le distingue.

Simple question: Quel est, aujourd'hui, l'être véritablement humain qui pourrait, sans rougir, nous dire ce qu'il entend par une «*pièce*»?

Les gens qui font des pièces disent-ils : « J'écris un drame »? Non, ils disent : « *J'ai une grosse machine sur le chantier.* » Est-ce que l'on dit : « C'est une œuvre bien faite »? Non, mais : « Voilà une "pièce" *bien charpentée.* » Est-ce que l'on dit : « L'habileté scénique »? On dit : « *Les ficelles* du théâtre ».

De sorte que ce n'est peut-être point par incapacité que certains auteurs écrivent de mauvaises «pièces», celles-ci étant, en réalité, beaucoup plus difficiles à faire que les bonnes.

Nous ne ferons pas à Gustave Flaubert l'injure de penser qu'il s'attendait à un succès d'applaudissements : un tel succès eût été pour lui, au contraire, d'un désappointement réel, quelque chose comme le signe d'un long feu, puisque son intention a été d'écrire non une «pièce», mais d'exhiber une superbe collection d'orangs-outangs et de gorilles jouant avec des miroirs.

Maintenant, le condamné applaudit-il à la lecture de sa sentence? Non. Il baisse la tête et il veut s'en aller, car il ne «s'amuse» pas. Pour ce qui est de l'argent que coûte un fauteuil ou une loge, il est d'usage, en justice, que le Condamné paye aussi les frais du procès.

Inutile d'analyser cette œuvre curieuse et parfois sombre. *Le Candidat* ne dépend pas de son *intrigue*, il est situé plus haut que *l'ingéniosité* du détail, plus ou moins «combiné». Sans cela, nous déclinerions l'honneur de nous en occuper. *M. Heurtelot, Mlle Louise*, maître *Gruchet*, ont leur valeur nominale, sans doute; mais qu'ils se développent à travers telle intrigue ou telle autre, peu importe la mèche du flambeau. *Le Candidat* contient des scènes écrites splendidement, et d'une âpreté d'observation extraordinaire. Voilà l'important. C'est une œuvre morale, car c'est la photographie de la Sottise se vilipendant elle-même. La turlupinade y est parfois si glaciale, que les personnages y deviennent plus vrais que la Vérité, ce qui cause une expression fantastique. *Rousselin* est tout simplement épouvantable. C'est le Sot, en trois lettres, tenant la foudre!

[...]

Concluons:

Attendu que les sots ont toujours du génie quand il s'agit de nuire, et que, dans la souffrance, ils déshonorent la pitié qu'on a pour eux par le sentiment qu'ils gardent toujours de nous avoir «mis dedans»; attendu que la sottise est l'hydre à tête de colombe, le repentir du Créateur, l'ennemie éternelle, il n'y a pas de merci à lui faire. Notre devoir est de la décalquer sans pitié: car, pour elle, quel châtiment est comparable à celui de *s'apercevoir elle-même*?

Donc, bravo et gloire à cette comédie. Après elle, la porte est fermée sur toute scène de candidature!... Le type est créé à jamais. Quant au soi-disant insuccès théâtral, il n'est un peu triste que pour le public.

Le seul moyen spirituel d'exécuter la «pièce» eût été

de l'applaudir. Mais si le public eût été capable de ceci, Gustave Flaubert ne l'eût pas écrite.

Ah! qu'on le sache bien!... Le théâtre futur crève, à chaque instant déjà, les vieilles enveloppes. Il commence. En dépit des insignifiants et gros rires, la foule s'aperçoit peu à peu que, dans une œuvre dramatique, l'*Ingéniosité de l'intrigue*, prise comme élément fondamental et hors duquel la «pièce» tombe en poussière comme une larme batavique dont on casse le petit bout 1, est une chose sans valeur et qui vole le temps général. Oui, mais l'heure vient où, après tant de lugubres heures causées en partie par ces mêmes incapables qui crétinisent le public en agitant chaque soir, devant son sourire de bébé, le hochet de sa décrépitude, l'heure vient où il ne suffira plus de flatter quelque bas instinct, quelque fibre égrillarde, quelque sale pensée (que l'Anglais lui-même chasse ignominieusement de sa vieille terre, car il sait où cela conduit); l'heure vient, disons-nous, où il ne suffira plus d'être un parfait farceur pour accaparer *toutes* les scènes et continuer, en dansant toutes les gavottes d'un esprit immodeste, d'hébéter l'attention publique et de parachever notre triste aventure. – L'heure menace où le public ne s'intéressera plus outre mesure aux dimensions anormales que peut présenter le nez d'un comédien, et ne répandra plus de larmes sur les péripéties que peut offrir le mariage final de Paul Gâteux avec Aglaé Mâchouillet, mise à mal par ce traître de Rocambole, tiré à des milliers d'exemplaires. Oui, cette heure approche où il ne s'agira plus de faire cliqueter devant la foule quelque

---

1. Larmes bataviques, ou larmes-de-verres, «petites masses de verre en fusion qu'on a laissées tomber dans l'eau froide et qui, par suite d'un refroidissement inégal, dû à la mauvaise conductibilité du verre pour le calorique, deviennent telles que, si l'on en vient à casser la queue, la tête en met en poussière» (*Littré*).

vieux toc patriotique, pour masquer, en trichant avec le vieil art de Molière et de Shakespeare, pour lequel on n'est pas fait, l'incapacité réelle où l'on se trouve d'écrire une œuvre haute, sincère et profonde. Le public fera justice du fameux « vive la France ! » qui éclate pour *sauver* une œuvre niaise, et qui fait rougir, attendu que, là, ce cri ne révèle que l'amour des droits d'auteur et non celui de la Patrie ! Oui, la foule a déjà fait justice du « merci, mon Dieu !... » qui ne croyait mie en Dieu, mais bien à des choses plus « sérieuses » ; et de « la croix de ma mère », qui lui disait clairement : « Voyez quel bon fils je suis, moi, l'Auteur ! Ainsi, remplissez ma salle, pour me récompenser des bons sentiments que je dois avoir, et applaudissez un bon fils, *puisqu'un bon fils* (sous-entendu COMME VOUS !)... ne peut manquer d'être un poète et d'avoir le véritable talent dramatique. » Et alors le public flatté donnait dans cette balançoire ! – Retapez toutes ces vieilles monstruosités, et vous aurez le plus clair des grands et interminables succès dramatiques qui font perdre le temps à toute une génération, en la rendant, par un pli d'esprit exécrable, inaccessible aux sentiments de l'Art et de la Grandeur oubliés. C'est celui qui n'estime pas ses concitoyens qui agit ainsi, et non celui qui, fût-ce au prix des huées, leur dit la vérité.

Mais aujourd'hui, c'est parler dans le désert. Laissons cela.

Que les « amuseurs » vivent en joie ! Nous les applaudirons toujours ; ils nous feront toujours rire ; nous leur crierons toujours : « Courage ! » Ils mourront à jamais et tout entiers, eux, leurs *ficelles* et leur *charpente*. Priez pour eux.

(*Revue du monde nouveau,* 1er avril 1874, repris dans *Chez les passants*, Paris, Comptoir d'édition, 1890).

REPÈRES BIOGRAPHIQUES

12 décembre 1821 : Naissance de Gustave Flaubert à l'Hôtel-Dieu de Rouen : son père, Achille Cléophas, en est le chirurgien-chef. De son mariage avec Anne Justine Fleuriot est né un premier fils, Achille, le 9 février 1813.

15 juillet 1824 : Naissance de Caroline Flaubert.

15 mai 1832 : Entrée au Collège royal de Rouen, en classe de huitième.

Été 1836 : Rencontre d'Élisa Schlésinger sur la plage de Trouville.

1838 : *Mémoires d'un fou*.

Août 1840 : Renvoyé du lycée pour indiscipline en décembre 1839, Flaubert passe seul le baccalauréat et est reçu bachelier.

Août-octobre 1840 : Voyage dans les Pyrénées et en Corse.

1841-1843 : Études de droit à Paris. Parallèlement, il compose *Novembre* (1842).

Janvier 1844 : Crises nerveuses (épilepsie ?) : Flaubert abandonne le droit et revient à Rouen.

Juin 1844 : Les Flaubert s'installent à Croisset, dans une grande propriété sur les bords de la Seine.

Janvier 1845: *L'Éducation sentimentale*, première du nom (roman commencé en 1843).

15 janvier 1846: Mort d'Achille Cléophas Flaubert.

22 mars 1846: Mort de Caroline, la sœur, deux mois après son accouchement d'une fille également prénommée Caroline. Gustave et sa mère prennent en charge son éducation.

1846-1848: Première liaison de Flaubert avec Louise Colet.

24 mai 1848-12 septembre 1849: *La Tentation de saint Antoine* (1re version).

1849-1851: Voyage en Orient avec Maxime Du Camp.

1851-1855: Deuxième liaison avec Louise Colet.

Été 1851: Début de la rédaction de *Madame Bovary*.

Mai 1856: Reprise de *La Tentation de saint Antoine* (des fragments paraissent dans *L'Artiste*).

1856-1857: Prépublié dans la *Revue de Paris* à la fin de l'année 1856, *Madame Bovary* est poursuivi en justice. L'auteur est acquitté mais blâmé. Publication en volume chez Michel Lévy le 15 avril 1857.

1er septembre 1857: Début de la rédaction de *Salammbô*.

Avril-juin 1858: Voyage en Algérie et en Tunisie pour *Salammbô*.

24 novembre 1862: Publication de *Salammbô* chez Michel Lévy.

Juin 1862-décembre 1863: Rédaction de la pièce *Le Château des cœurs*, féerie en collaboration avec Louis Bouilhet et Charles d'Osmoy. Flaubert ne parviendra pas à la faire représenter.

1er septembre 1864: Début de la rédaction de *L'Éducation sentimentale*.

18 juillet 1869: Mort de Louis Bouilhet.

17 novembre 1869: Publication de *L'Éducation sentimentale* chez Michel Lévy.

Hiver 1870-1871: Les Prussiens occupent Croisset.

Janvier 1872: Préface aux *Dernières chansons* de Louis Bouilhet, chez Michel Lévy. «Lettre de M. Gustave Flaubert à la Municipalité de Rouen» à propos du projet de monument en mémoire de son ami.

6 avril 1872: Mort de la mère de Flaubert.

11-14 mars 1874: Représentations de la comédie *Le Candidat* au Vaudeville. Publication de la pièce chez Charpentier.

1ᵉʳ avril 1874: Publication de *La Tentation de saint Antoine* chez Charpentier.

24 avril 1877: Publication de *Trois contes* chez Charpentier.

1877-1880: Rédaction de *Bouvard et Pécuchet* (commencé en 1872-1874).

8 mai 1880: Mort de Flaubert à Croisset.

Mars 1881: Publication posthume de *Bouvard et Pécuchet* chez Lemerre.

BIBLIOGRAPHIE

Manuscrits du *Candidat*

La Bibliothèque nationale de France conserve un manuscrit autographe non définitif en trois actes (NAF 17612, 104 feuillets, en ligne sur Gallica). Deux lots concernant cette pièce ont figuré à la vente Sickles (Hôtel Drouot, 2e partie, 28-29 novembre 1989) : un manuscrit comprenant des scénarios et des brouillons (142 feuillets ; lot 338) et la mise au net d'une première version en cinq actes (143 feuillets ; lot 339) ; sur la couverture, Flaubert a indiqué les dates de rédaction : « Du 1er septembre au 20 novembre 1873 ». Par ailleurs, l'Université Harvard possède des « Fragments du IIe et IIIe actes primitifs », selon l'indication portée par Flaubert (Houghton Library, fMs Fr 234, 21 pages). Ces trois derniers manuscrits proviennent de la vente Franklin Grout d'Antibes, 28-30 avril 1931, lots 4 à 6. Le manuscrit du copiste soumis à la censure se trouve aux Archives nationales à la cote F/18/768.

Articles et chapitres de livres sur *Le Candidat* et sur *La Candidature*

CENTO Alberto, « Flaubert e il "Cocu triomphant" (uno scenario inedito del *Candidat*) », *Rivista di letterature moderne e comparate*, Giugno 1967, vol. 20, fascicolo 2, p. 118-122. [Présentation et transcription de *La Candidature*, manuscrit conservé à la BNF.]

CZYBA Luce, « Flaubert et le théâtre : *Le Candidat* », dans *Le Théâtre des romanciers*, études réunies par Marie Miguet-Ollagnier, Université de Franche-Comté, 1996, p. 31-56.

EMELINA Jean, « Théâtre et politique : *Le Candidat* de Flaubert », *Revue d'histoire du théâtre*, n° 127, 1980, p. 248-260.

LECLERC Yvan, « Flaubert : *La Candidature*, scénario inédit d'une pièce de théâtre », *Études normandes*, n° 3, 1988 [daté 1987 par erreur], p. 53-61. [Présentation et transcription des manuscrits conservés à la BNF et à la BM de Rouen.]

VIBERT Bertrand, « "Élu-foutu : l'être ou ne pas l'être" : sur *Le Candidat* de Flaubert », *Recherches & travaux, Université Stendhal*, n° 59, 2001, p. 43-53.

Articles, chapitres de livres et ouvrages sur le théâtre de Flaubert

ALEXIS Paul, « Les romanciers au théâtre. Gustave Flaubert », *Revue d'aujourd'hui*, 15 février 1890, p. 70-80, rééd. À l'écart, 1991.

BEM Jeanne, « Flaubert, théâtre/roman : la dimension théâtrale de l'écriture romanesque », dans *Gustave Flaubert. Procédés narratifs et fondements épistémologiques.* Études recueillies par Alfonso de Tor, Tübingen, Gunter Narr Verlag, 1987, p. 31-41.

CANU Jean, *Flaubert auteur dramatique*, Paris, Les Écrits de France, 1946. [Chapitre IV sur *Le Candidat*.]

DESCHARMES René et DUMESNIL René, *Autour de Flaubert. Études historiques et documentaires*, Paris, Mercure de France, t. I, 1912. [Chapitre V : « Flaubert et le théâtre ».]

JOLLY Geneviève, « L'écriture de Flaubert à l'épreuve du théâtre », *Poétique*, nº 136, 2003, p. 455-467.

KASHIWAGI Kayoko, « Flaubert et le théâtre », *Gallia*, XXI-XXII, 1982, p. 85-92.

—, « Flaubert et le théâtre : à travers la création artistique de *Bouvard et Pécuchet* », *Flaubert. Tentations d'une écriture*, textes réunis par Shiguehiko Hasumi et Yoko Kudo, Université de Tokyo, 2001, p. 71-88.

LECLERC Yvan, « L'éducation théâtrale de Flaubert », dans *La Tentation théâtrale des romanciers*, textes réunis par Philippe Chardin, SEDES, 2002, p. 25-33.

—, « La section "Théâtre" dans les dossiers de *Bouvard et Pécuchet* », dans *Éditer le chantier documentaire de* Bouvard et Pécuchet. *Explorations critiques et premières réalisations numériques*, textes réunis par Rosa

Maria Palermo Di Stefano, Stéphanie Dord-Crouslé et Stella Mangiapane, Messine, Andrea Lippolis Editore, 2010, p. 121-126.

Marchi Giovanni, «Flaubert e il teatro», dans *Flaubert e il pensiero del suo secolo*. Atti del convegno internazionale, Università di Messina, Messine, 1985, p. 281-291.

Nadeau Maurice, *Gustave Flaubert écrivain* [1969], Paris, Les Lettres nouvelles, 1980. [Chapitre 13: «Flaubert auteur de théâtre».]

Olds Marshall C., «Théâtre et théâtralité chez Flaubert», *Dix ans de critique*, textes réunis et présentés par Gisèle Séginger, Paris, Lettres Modernes Minard, «Gustave Flaubert, 5», 2005, p. 67-85.

—, *Au pays des perroquets. Féerie théâtrale et narration chez Flaubert*, Amsterdam-Atlanta, Éditions Rodopi, coll. «Faux titre», 2001.

Pommier Jean, *Dialogues avec le passé. Études et portraits littéraires*, Paris, Nizet, 1967. [«Flaubert et la naissance de l'acteur».]

Raitt Alan, *Flaubert et le théâtre*, Berne, Peter Lang, 1998. [Sur *Le Candidat*, p. 128-145.]

Table

Préface d'Yvan Leclerc 7
Note sur l'établissement du texte 29

Le Candidat............................ 31
   Acte premier 33
   Acte deuxième 91
   Acte troisième 137
   Acte quatrième 177

Annexes............................... 207
   Lettre de Flaubert à Carvalho 207
   Compte rendu du *Candidat*
     par Auguste Villiers de l'Isle-Adam 210
Repères biographiques 215
Bibliographie 219

Le Livre de Poche s'engage pour l'environnement en réduisant l'empreinte carbone de ses livres. Celle de cet exemplaire est de : **300 g éq. CO₂**
Rendez-vous sur www.livredepoche-durable.fr

PAPIER À BASE DE FIBRES CERTIFIÉES

Composition réalisée par MAURY-IMPRIMEUR

Achevé d'imprimer en décembre 2016 en Espagne par
BLACKPRINT
Librairie Générale Française
21, rue du Montparnasse – 75298 Paris Cedex 06
Dépôt légal 1re publication : janvier 2017

86/2450/6